Sonja Eiberger

Grammatikwerkstatt zum Feldermodell (Sek.) · Band 1

Einführung · starke Verben · Satzglieder

Impressum

Grammatikwerkstatt zum Feldermodell (Sek) · Band 1

 **Sonja Eiberger**, M. A., ist seit vielen Jahren – neben unterrichtlicher Tätigkeit – als Lehrbeauftragte und Fachleiterin im Fach Deutsch in der Lehreraus- und -fortbildung am Seminar für Ausbildung und Fortbildung der Lehrkräfte Schwäbisch Gmünd (GWHRS) tätig. Extrinsisch durch die teilweise vorhandene Freudlosigkeit der Schülerinnen und Schüler am Grammatikunterricht und intrinsisch durch den Mangel an dementsprechend förderlichem Material motiviert, entstanden die hier vorliegenden Materialien, mit denen Teile der deutschen Grammatik mittels des Feldermodells schülergerecht, systematisch und handlungsorientiert für die Praxis aufbereitet wurden.

1. Auflage 2020
© 2020 AOL-Verlag, Hamburg
AAP Lehrerwelt GmbH
Alle Rechte vorbehalten.

Veritaskai 3 · 21079 Hamburg
Fon (040) 32 50 83-060 · Fax (040) 32 50 83-050
info@aol-verlag.de · www.aol-verlag.de

Redaktion: Kathrin Roth
Layout/Satz: © Satzpunkt Ursula Ewert GmbH, Bayreuth
Illustrationen: © Satzpunkt Ursula Ewert GmbH, Bayreuth
Foto „Königskammer" im Zusatzmaterial: © Monoar – pixabay.com
Coverfoto: © lenets_tan – stock.adobe.com
Bildbearbeitung: © Satzpunkt Ursula Ewert GmbH, Bayreuth

ISBN: 978-3-403-10588-6

Das Werk als Ganzes sowie in seinen Teilen unterliegt dem deutschen Urheberrecht. Der Erwerber des Werkes ist berechtigt, das Werk als Ganzes oder in seinen Teilen für den eigenen Gebrauch und den Einsatz im Unterricht zu nutzen. Die Nutzung ist nur für den genannten Zweck gestattet, nicht jedoch für einen weiteren kommerziellen Gebrauch, für die Weiterleitung an Dritte oder für die Veröffentlichung im Internet oder in Intranets. Eine über den genannten Zweck hinausgehende Nutzung bedarf in jedem Fall der vorherigen schriftlichen Zustimmung des Verlages.

Sind Internetadressen in diesem Werk angegeben, wurden diese vom Verlag sorgfältig geprüft. Da wir auf die externen Seiten weder inhaltliche noch gestalterische Einflussmöglichkeiten haben, können wir nicht garantieren, dass die Inhalte zu einem späteren Zeitpunkt noch dieselben sind wie zum Zeitpunkt der Drucklegung. Der AOL-Verlag übernimmt deshalb keine Gewähr für die Aktualität und den Inhalt dieser Internetseiten oder solcher, die mit ihnen verlinkt sind, und schließt jegliche Haftung aus.

Engagiert unterrichten. Begeistert lernen.

Inhaltsverzeichnis

**Grammatikwerkstatt zum Feldermodell:
Eine Einführung** 5
Was es mit dem Feldermodell auf sich hat 6
    Vorteile des Feldermodells für
    die Fachdidaktik 6

**Einblick in die deutsche Grammatik
mithilfe des Feldermodells** 7
Satzgrammatik: Die deutschen Satzarten
im Feldermodell 7
    Der Verbzweitsatz 7
    Verbzweitsatzkonstruktionen mit
    Verbklammer 7
    Verberstsatzkonstruktionen 8
    Verbletztsatzkonstruktionen im Nachfeld
    und Nachfeldbesetzungen 8
    Weitere Satzkonstruktionen, die im Nachfeld
    stehen können 9
Die Darstellung des Feldermodells in diesen
Materialien 9
    Die Satzglieder im Feldermodell 10
    Zeichensetzung im Feldermodell 10
Wortgrammatik: Das deutsche Verb
im Aktiv 10
    Das Verb sollte nicht als Tätigkeitswort
    bezeichnet werden 10
Flexion des Verbs 11
    Das infinite Verb 11
    Die Darstellung des infiniten Verbs in diesen
    Materialien 11
    Der Wortstamm 11
    Die Darstellung des Wortstamms in diesen
    Materialien 11
    Trennbares und nicht trennbares Verb 11
    Trennbare Verben und das Präverb 12
    Die Darstellung der trennbaren Verben
    in diesen Materialien 12
    Die Darstellung von nicht trennbaren Verben
    in diesen Materialien 12
Das finite Verb 12
    Schwache, starke und gemischte Verben .. 12
    Schwache Verben 13
    Starke Verben 13
    Gemischte Verben 13
Das finite Verb im Aktiv 13
    Merkmale des finiten Verbs: Person, Numerus
    und Tempus 13

    Die Darstellung des finiten Verbs mit
    Wortstamm, Person und Numerus in diesen
    Materialien 13
    Zeitmerkmal des finiten Verbs: Das Tempus ... 14
    Die Darstellung des Tempus in diesen
    Materialien (Präsens/Präteritum) 14
    Die Darstellung des Partizips II mit Hilfsverb ... 14
Die didaktische Aufbereitung der Materialien 15
    Differenzierung 16
    Lerninventur / Feedback zum Lernzuwachs 16
    Selbstkontrolle 16
    Thematische Aufbereitung 16
    Aufbau der Sequenzen 17
    Erzähltexte zur Grammatik 17
    Weitere Differenzierung / Ritualisierung ... 17

**Sequenz 1: Wiederholung der Grundbegriffe:
Schwache, starke und gemischte Verben** 18
Ablaufplan zu Sequenz 1 18
Erzähltext zu Sequenz 1 19
    Basislernen 1 19
    Basislernen 2.1 19
    Basislernen 2.2 19
    Basislernen 2.3 19
Wortkarten zu Sequenz 1: Pflichtkarten
(WKP1) und Wahlkarten (WKW1) 20
Arbeitsblätter zu Sequenz 1 21
    AB1-1: Schwache und starke Verben 21
    AB1-2: Gemischte Verben und Grundbegriffe .. 22

**Sequenz 2: Konjugation ausgewählter starker
Verben: Stammvokaländerung i – a – u** 23
Ablaufplan zu Sequenz 2 23
Erzähltext zu Sequenz 2 24
    Basislernen 1 24
    Basislernen 2 24
Wortkarten zu Sequenz 2: Pflichtkarten (WKP2)
und Wahlkarten (WKW2) 25
Arbeitsblätter zu Sequenz 2 26
    AB2-1: Was ist ein Verb? 26
    AB2-2: Starke Verben und Partizip II 27

**Sequenz 3: Wiederholung der Grundbegriffe:
Nicht trennbare starke Verben und trennbare
starke Verben** 28
Ablaufplan zu Sequenz 3 28
Erzähltext zu Sequenz 3 29

Inhaltsverzeichnis

Basislernen 1 29
Basislernen 2 29
Wortkarten zu Sequenz 3: Pflichtkarten (WKP3)
und Wahlkarten (WKW3) 30
Arbeitsblätter zu Sequenz 3 31
    AB3-1: Konjugation starker nicht trennbarer
    Verben i – a – u 31
    AB3-2: Konjugation starker trennbarer
    Verben i – a – u 32

Sequenz 4: Wiederholung der Grundbegriffe: Verberstsatz/Verbzweitsatz/Lexikal-, Tempusklammer 33
Ablaufplan zu Sequenz 4 33
Erzähltext zu Sequenz 4 34
    Basislernen 1 34
    Basislernen 2 34
Arbeitsblätter zu Sequenz 4 35
    AB4-1: Das Feldermodell im Königreich Satz ... 35
    AB4-2: Verbzweitsätze und Verbklammern 36
Lernspiel 38
    Spielanleitung 38
    Würfelvorlagen 39
    Wortkarten zum Lernspiel: WK4 40

Sequenz 5: Satzglieder: Das Subjekt 41
Ablaufplan zu Sequenz 5 41
Erzähltext zu Sequenz 5 42
    Basislernen 1 42
    Basislernen 2 42
Arbeitsblätter zu Sequenz 5 43
    AB 5-1: Strategien zur Ermittlung des
    Subjekts 43
    AB5-2: Strategien zur Ermittlung des Subjekts .. 44

Sequenz 6: Satzglieder: Das Akkusativobjekt 45
Ablaufplan zu Sequenz 6 45
Erzähltext zu Sequenz 6 46
    Basislernen 1 46
    Basislernen 2 46
Wortkarten zu den Sequenzen 6–8 47
Arbeitsblätter zu Sequenz 6 48
    AB6-1: Das Akkusativobjekt 48
    AB6-2: Das Akkusativobjekt 49

Sequenz 7: Satzglieder: Das Dativobjekt 50
Ablaufplan zu Sequenz 7 50
Erzähltext zu Sequenz 7 51
    Basislernen 1 51
    Basislernen 2 51

Arbeitsblätter zu Sequenz 7 52
    AB7-1: Das Dativobjekt 52
    AB7-2: Das Dativobjekt 53

Sequenz 8: Satzglieder: Das Genitivobjekt 54
Ablaufplan zu Sequenz 8 54
Erzähltext zu Sequenz 8 55
    Basislernen 1 55
    Basislernen 2 55
Arbeitsblätter zu Sequenz 8 56
    AB8-1: Das Genitivobjekt 56
    AB8-2: Das Genitivobjekt 57

Sequenz 9: Satzglieder: Das Präpositionalobjekt im Akkusativ und Dativ 58
Ablaufplan zu Sequenz 9 58
Erzähltext zu Sequenz 9 59
    Basislernen 1 59
    Basislernen 2 59
    Weiterführende Möglichkeiten 59
Wortkarten zu Sequenz 9 60
Arbeitsblätter zu Sequenz 9 61
    AB9-1: Das Präpositionalobjekt im Akkusativ .. 61
    AB9-2: Das Präpositionalobjekt im Dativ 62

Material zu den Sequenzen 63
Tafelbilder (TB) 63
Kleinfiguren F1 zur Verwendung im KR1 64

Weitere Materialien zu den Einstiegen in die Sequenzen 64
Material zu Sequenz 1 64
Material zu Sequenz 2 65
Material zu Sequenz 3 65
Material zu Sequenz 4 65
Material zu Sequenz 5 65
Material zu Sequenz 6 66
Material zu Sequenz 7 67
Material zu Sequenz 8 67
Material zu Sequenz 9 68
Arbeitsunterlage AU1-1 69
Arbeitsunterlage AU1-2 70
KR1: Das Königreich „Satz" der Familie Verb 71
KR1-AB: Zusatzarbeitsblatt zur Feldertabelle 72

Zu diesem Band gibt es digitales Zusatzmaterial.

Grammatikwerkstatt zum Feldermodell: Eine Einführung

Grammatik und Rechtschreibung stellen oft eine große Herausforderung für Deutschlehrkräfte dar, da sie bei vielen Lernern Unwillen hervorrufen, ganz nach dem Motto: wenig Spaß – viel Lernen. Doch wer unterrichtet, weiß genau: Lernen ohne Freude ist kein effektives und effizientes Unterfangen. Die Schüler benötigen unterschiedliche Zugänge, um einen Lernzuwachs zu erreichen. Insbesondere die Handlungsorientierung ist hierbei für viele Lerner förderlich. Mit Blick auf die Grammatik dient das Feldermodell (auch „topologisches Modell" genannt) dazu, Satzbaumuster zu verdeutlichen. Es ermöglicht eine kognitive Aktivierung der Lerner, da es niedrigschwellig, aber auch herausfordernd, zum Erforschen grammatischer Phänomene genutzt werden kann.

Dieser Band zum Feldermodell ist in zwei Teile unterteilt. Im ersten Teil finden Sie fachliches Hintergrundwissen zum Thema und Erläuterungen zu den Visualisierungen, die im dazugehörigen Material genutzt werden. Der zweite Teil ab Seite 18 enthält neun Unterrichtssequenzen zu grammatischen Phänomenen, mit jeweils einem passenden Erzähltext zur Einführung ins Thema sowie darauf abgestimmte Arbeitsmaterialien, die die Schüler in einem Portfolio sammeln sollten. Wie viel Zeit eine Sequenz in Anspruch nimmt, entscheiden Sie je nach Klasse. Die oftmals handlungsorientierten Materialien sind auf das zu entdeckende grammatische Phänomen abgestimmt. Hierzu gehören auch die Pflicht- und Wahlwortkarten mit je passend zum grammatischen Phänomen ausgesuchten Verben. Mithilfe des Downloadcodes vorne im Buch können Sie sich weiteres Zusatzmaterial kostenlos herunterladen. Dabei handelt es sich u.a. um zwei Lernstandserhebungen sowie die Lösungen zu sämtlichen Arbeitsblättern. Die Arbeitsunterlagen (AU1-1/AU1-2/KR1) sollten für die Lerner ausgedruckt und laminiert werden, damit sie mit wasserlöslichem Stift beschrieben und dadurch oft verwendet werden können. Welches Material Sie wann benötigen, finden Sie in den Übersichten zu den einzelnen Sequenzen.

In allen Bänden des AOL-Verlags zum Feldermodell werden Satzbausteine durch Figuren dargestellt, damit der schulische Grammatikunterricht nicht abstrakt bleibt. Die Figuren handeln im Königreich Satz, sodass grammatische Phänomene spielerisch sichtbar gemacht werden können, um die Schüler zum entdeckenden Lernen zu motivieren. Weiterführende und vertiefende Aufgaben zu den Sequenzen finden Sie im Übrigen im Lernkarten-Set mit der Bestellnr.: 10541.

Da das Verb im deutschen Satz eine herausragende Rolle spielt, wird es durch „König Verb" visualisiert. Das Verb wird nicht passiv konjugiert, sondern es konjugiert aktiv. Natürlich hat das Königreich Satz auch eine eigene Sprache: Wenn König Verb regiert, heißt das in der Sprache seines Reiches: „Er konjugiert." Verdeutlicht wird das dadurch, dass er seine Brille aufsetzt, wodurch er nicht mehr „infinit", sondern „finit" ist. Durch solche Visualisierungen werden grammatische Begriffe fast nebenbei eingeführt und gefestigt.

Die ersten vier der neun Unterrichtssequenzen stellen eine komprimierte Wiederholung von Grundbegriffen und einigen grundlegenden Inhalten der beiden Bände für die Grundschule dar, in diesem Heft jedoch größtenteils mit starken Verben. Sollte ein kleinschrittigeres und vereinfachtes Vorgehen für manche Lerner Ihrer Klasse nötig sein, so möchte ich auf die Bände 1 und 2 der „Grammatikwerkstatt zum Feldermodell" für die Grundschule verweisen.

Alle neun Sequenzen in diesem Band sind ritualisiert aufgebaut. Sie beginnen jeweils mit einer tabellarischen Übersicht über die Sequenz. Eine Sequenz kann mehrere Basislernphasen beinhalten. Zur Einführung der grammatischen Phänomene sind diese in Erzähltexte eingebettet. Diese Texte sind als Anregung für Sie gedacht und können abgelesen, nacherzählt, gekürzt oder ergänzt werden. Sie dienen als Einstieg in die Thematik und Aufgabenstellungen der Arbeitsblätter, die Sie in diesem Heft zum Kopieren oder online zum Herunterladen in Farbe vorfinden. Der Unterricht läuft in aller Regel in kooperativen Arbeitsphasen ab. Wichtig ist, dass die Lerner vorrangig in Lern-Tandems zusammenarbeiten. Ein stärkerer und ein schwächerer Lerner bilden immer ein Lern-Tandem,

Grammatikwerkstatt zum Feldermodell: Eine Einführung

wobei die stärkeren Lerner durch das Erklären gefordert werden und so Lernzuwächse für sich verbuchen können. Die Tandems sollten so zusammengesetzt sein, dass die Unterschiede im Lernstand nicht zu groß sind. Das bedeutet, dass der „Stärkste" der „Starken" mit dem „Stärksten" der „Schwachen" etc. zusammen ein Lern-Tandem bilden sollte. Dieses Prinzip des Lern-Tandems wird auch im Lernkarten-Set beibehalten, das als vertiefendes Freiarbeitsmaterial genutzt werden kann.

Alle vier Bände für die Grundschule und Sekundarstufe bauen aufeinander auf, ergänzen sich und ermöglichen so einen vielfältigen und differenzierten Grammatikunterricht, können jedoch nach Einführung auch separat genutzt werden.

Was es mit dem Feldermodell auf sich hat

Im Kern ist das Feldermodell ein Beschreibungsraster, das den deutschen Satzbau verdeutlicht, in dem das finite Verb die zentrale Rolle einnimmt. Dabei wird ein Satz in sogenannte „Felder" (Vorfeld, linkes Verbfeld, Mittelfeld, rechtes Verbfeld, Nachfeld) eingeteilt. Je nach Satzart (z. B. Verberstsatz oder Verbzweitsatz) sind die Felder unterschiedlich belegt. Letztlich ist es nichts Neues, deutsche Sätze in Felder einzuteilen, damit Satzbaumuster besser erkannt werden können. Bereits der Germanist Erich Drach teilte in den 1930er-Jahren Sätze in „Vorfeld", „Mitte" und „Nachfeld" ein. Erst seit Kurzem ist das Modell wieder aus der Versenkung aufgetaucht und findet seinen Weg in den Deutschunterricht. Das Feldermodell wird zumeist durch eine Tabelle visualisiert, was insbesondere DaZ-Lernern Einsichten in den Satzbau der deutschen Sprache ermöglicht. Aber auch Muttersprachler profitieren vom Feldermodell bei der grammatischen Analyse, beim Verständnis komplexer Sätze, bei der Suche nach Satzgliedern und deren Flexion sowie beim Schreiben eigener Texte und dessen Interpunktion. Somit stellt es ein Modell der deutschen Satzlehre dar, das integrativ und im Sinne der Grammatik-Werkstatt nach Wolfgang Menzel[1] genutzt werden kann.

Moderne Darstellungen des Feldermodells basieren auf fünf Feldern, die den Satz grundlegend gliedern (siehe oben). Oftmals wird hier beim einzelnen Verbfeld von einer „Satzklammer" oder „Verbklammer" gesprochen. Das Problem bei dieser Bezeichnung ist, dass das Verb bei seiner Anwendung im Satz nicht immer eine Verb*klammer* erzeugt und deshalb verwirren kann. Dennoch tauchen die Begriffe „Verbklammer" oder „Satzklammer" für ein einzelnes Verbfeld in den Bildungsplänen auf. Darum wird diese Bezeichnung hier etwas abgewandelt als „linke und rechte K(l)ammer" (Kammer) des Königs Verb beibehalten. In diesen Klammern spielt sich das Leben von König Verb und seiner Familie ab.

Das Feldermodell in den eigenen Grammatikunterricht zu integrieren, bringt einige Pluspunkte mit sich:

Vorteile des Feldermodells für die Fachdidaktik

- Das Modell ist niederschwellig, anschaulich und dadurch motivierend.
- Die Visualisierung der Felder ermöglicht den Lernern, sich nicht nur auf kognitiver Ebene mit der deutschen Satzstruktur auseinanderzusetzen.
- Die zentrale und fixierte Stellung des finiten Verbs in den Verbklammern ermöglicht eine leichtere Analyse des deutschen Satzbaus – auch beim Formulieren eigener Texte.
- Die verwendeten Begriffe (K[l]ammer, Vorfeld, Mittelfeld, Nachfeld) sind leicht verständlich und einleuchtend.
- Das Feldermodell ermöglicht einen visualisierten Grammatikunterricht.

---

[1] Menzel, Wolfgang (1999): Grammatik-Werkstatt. Theorie und Praxis eines prozessorientierten Grammatikunterrichts für die Primar- und Sekundarstufe. Seelze-Velber: Kallmeyer.

- Das Modell motiviert durch seinen Werkstattcharakter dazu, sich handlungsorientiert mit der deutschen Sprache auseinanderzusetzen.
- Das Feldermodell hilft bei der Verbesserung der Zeichensetzung.

Die folgenden Informationen bieten Ihnen einen Überblick über die unterschiedlichen Satzarten des Deutschen, ihre Bezeichnungen und wie ihr jeweiliger Aufbau durch das Feldermodell verdeutlicht wird.

Einblick in die deutsche Grammatik mithilfe des Feldermodells

Satzgrammatik: Die deutschen Satzarten im Feldermodell

Das Feldermodell beinhaltet in aller Regel fünf Felder, von denen zwei eine Verbklammer abbilden können:

Vorfeld	linke Klammer	Mittelfeld	rechte Klammer	Nachfeld
Der König	hielt	die Luft	an.	

Da das Feldermodell den Lernern auch hilft, die Satzzeichen richtig zu setzen, werden in dieser didaktischen Aufbereitung noch zwei weitere Felder eingeführt, nämlich die der Satzzeichen (SZ):

Vorfeld	linke Klammer	Mittelfeld	rechte Klammer	SZ	Nachfeld	SZ
Der König	hielt	die Luft	an	.		

Der Verbzweitsatz

Der Verbzweitsatz kommt in deutschen Sätzen am häufigsten vor. Bei dieser Grundstruktur steht das finite Verb im Satz an zweiter Stelle hinter einem Satzglied, das im Vorfeld steht:

Vorfeld	linke Klammer	Mittelfeld	rechte Klammer	SZ	Nachfeld	SZ
Der König	fror	um die Nasenspitze		.		

Verbzweitsatzkonstruktionen mit Verbklammer

Folgende **Verbzweitsatzkonstruktionen mit Verbklammer** kommen im Deutschen vor:

Satzart	Vorfeld	linke Klammer	Mittelfeld	rechte Klammer	SZ	Nachfeld	SZ
Lexikalklammer/ Präverbklammer	Dem König	lag	nichts	vor	.		
Tempusklammer	Sie	hatte	es sehr leise	geflüstert	.		
Modalklammer	Es	konnte	so nicht	weitergehen	.		
Passivklammer	Beinahe	wurde	die Wurst	aufgegessen	.		
Konjunktivklammer (mit würde)	Die Königin	würde	so nicht	handeln	.		

Die Klammern können auch miteinander kombiniert auftreten.

Einblick in die deutsche Grammatik mithilfe des Feldermodells

Verberstsatzkonstruktionen

Im **Verberstsatz** steht das erste Wort im Satz, das finite Verb, an erster Stelle in der linken Klammer. Folgende Möglichkeiten gibt es dabei:

Satzart	Vorfeld	linke Klammer	Mittelfeld	rechte Klammer	SZ	Nachfeld	SZ
Entscheidungsfrage		Lachte	der Hofnarr		?		
Aufforderung		Benennt	sie		!		
Wunsch		Kommt	bitte bald nach Hause		!		
Ausruf		Bist	du gut		!		
Witz (deklarativ)		Kam	ein König zum Arzt		.		
Bedingungen		Liefest	du nur langsamer		!		

Verbletztsatzkonstruktionen im Nachfeld und Nachfeldbesetzungen

Das Nachfeld kann unterschiedlich besetzt sein: Vorrangig im mündlichen Sprachgebrauch gibt es *Nachschiebungen* („Du solltest doch bitte glauben an das Gute im Menschen!"), *Vergleiche* (Er sah sie an, als wäre sie ...), *Hervorhebungen* (Sie hatte alles aufgegessen bis auf den letzten Krümel.) oder auch *Mittelfeldentlastungen* durch Kommasetzung (Er sah den Hut, den er kaufen wollte, lange an.). Das Nachfeld kann auch *Ergänzungen* in Form von Verbletztsätzen beinhalten. Die Begriffe „Haupt- und Nebensatz" sind semantisch betrachtet nicht ideal, da sie die Nachfeldbesetzung minderwertiger als den „Hauptsatz" erscheinen lassen könnten, was oft nicht zutreffend ist. Darum fallen diese Begrifflichkeiten hier vollständig weg. **Nachfeldbesetzungen** sind häufig Verbletztsätze.

Vorfeld	linke Klammer	Mittelfeld	rechte Klammer	SZ	Nachfeld	SZ
Der König	nieste	kräftig		,	da die Sonne so hell schien	.

Verbletztsätze im Nachfeld erkennt man als solche, wenn die Nachfeldbesetzung in einer neuen Zeile auf die Felder des Feldermodells verteilt wird. Das Vorfeld und die linke Klammer verschmelzen hierbei miteinander zu einem Feld. Dadurch wird das finite Verb in der letzten Position – der rechten Klammer – klar erkennbar.

Vorfeld	linke Klammer	Mittelfeld	rechte Klammer	SZ	Nachfeld	SZ
Der König	nieste	kräftig		,		
da		die Sonne so hell	schien	.		

Verbletztsätze haben Signalfunktion für den Hörer, da sie sich inhaltlich auf einen Satz, eine Wortgruppe, einen Begriff oder eine Wahrnehmung beziehen. Inhaltlich dem **Bezugssatz zugehörige** und somit **abhängige** Verbletztsätze werden durch **Subjunktionen** eingeleitet. Als Subjunktion können verwendet werden: da, dass, obwohl, sodass, während, weil u. v. a. Das finite Verb steht beim Verbletztsatz als **letztes** Wort in der rechten Klammer. Eine als Subjunktion genutzte Einheit „schiebt" somit das Verb in die rechte Klammer. **Merkhilfe** für Lerner: **Sub**junktionen sind **S**(ch)**ub**-Wörter. Ein Verbletztsatz lenkt die Aufmerksamkeit des Hörers inhaltlich auf den Bezugssatz und ist als Ganzes in der Regel ein Satzglied („Gliedsatz"). Vor einer Subjunktion im Nachfeld steht immer ein Komma.

Einblick in die deutsche Grammatik mithilfe des Feldermodells

Weitere Satzkonstruktionen, die im Nachfeld stehen können

Konjunktionen stellen eine Verbindung zwischen zwei Teilsätzen dar, die **unabhängig** voneinander sind. Als Konjunktionen lassen sich nutzen: **aber, denn, doch, sondern, oder, und**. Die Anfangsbuchstaben **UDODAS** oder **SODUDA** sind hilfreiche Eselsbrücken, um sich die gängigsten Konjunktionen zu merken. Bei der Neuverteilung der Nachfeldbesetzung im Feldermodell wird die Konjunktion auf ein zusätzliches Vorfeld gesetzt: das Koordinationsfeld. Dadurch bleibt im Vorfeld Raum für ein mögliches Satzglied. (**Merkhilfe** für Lerner: **Ko**njunktionen gehen ins **Ko**ordinationsfeld).

Koordinationsfeld	Vorfeld	linke Klammer	Mittelfeld	rechte Klammer	SZ	Nachfeld	SZ
	Die Königin	kicherte	nicht		,		
sondern	(sie)	lachte	lauthals		.		

Konjunktionen bieten dem Hörer als Signal- und Bindewort bestimmte Informationen: einen *Widerspruch* (sondern), eine *Alternative* (oder), einen *Grund* (denn), eine *Aufzählung* (und), eine *Einschränkung* (doch) oder einen *Gegensatz* (aber). Konjunktionen können sich mit Subjunktionen zu Verbletztsätzen verbinden (z. B.: *Aber wenn* ich es nun anders sehe …). Vor die Konjunktionen *sondern, denn, doch* und *aber* wird immer ein Komma gesetzt, wenn sie an erster Stelle im Nachfeld stehen.

Adverbien (damals, deshalb, immerhin, trotzdem, zuvor …) können auch Nachfeldbesetzungen einleiten, sind jedoch **Satzglieder**, die innerhalb eines Satzes ohne semantische Veränderung des Satzes verschoben werden können. Somit stehen sie nicht immer am Anfang des (Teil-)Satzes, sondern können auch in der Mitte stehen (z. B.: Sie hatte *folglich* Hunger.). Im Nachfeld stehende Adverbien können bei der Neuverteilung als Satzglied ins Vorfeld gesetzt werden.

Relativsätze (Attributsätze) können als eigene Form eines Verbletztsatzes betrachtet werden (z. B.: Es war ein Schloss, *das ich dort gesehen hatte.*).

Verbletztsatzkonstruktionen mit Subjunktionen bzw. Sätze, die mit Konjunktionen verbunden sind, werden in Band 2 für die Sekundarstufe I aufbereitet.

Die Darstellung des Feldermodells in diesen Materialien

In diesem Heft arbeiten die Lerner mit einer vereinfachten Variante des Feldermodells oder, um in der Sprache des Königreichs zu bleiben, mit dem vereinfachten Königreich der Familie Verb (KR1), das in diesen Materialien so dargestellt wird:

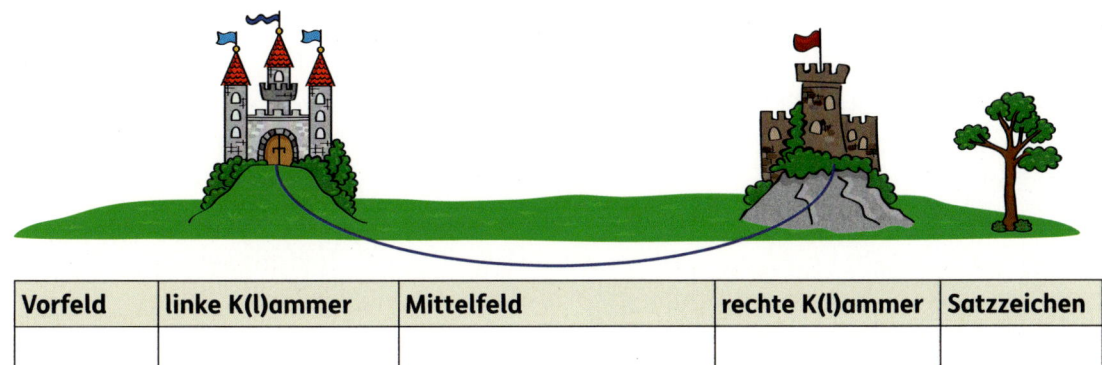

Vorfeld	linke K(l)ammer	Mittelfeld	rechte K(l)ammer	Satzzeichen

König Verb und seine Familie sind „Stubenhocker". Sie verlassen die K(l)ammern ihres Königreichs Satz nur, wenn sie über ihre Arbeit sprechen oder diese im Detail zeigen wollen, also Wortgrammatik oder analytische Sprachbetrachtung betreiben möchten. Außerdem können sie in ihrem Königreich Satz durch einen unterirdischen Gang (der eigentlichen „Verb**klammer**") von einer K(l)ammer in die andere und wieder zurücklaufen.

Einblick in die deutsche Grammatik mithilfe des Feldermodells

Die Satzglieder im Feldermodell

Laut gängiger Definition lässt sich ein Satzglied „erfragen" und „verschieben". Ein Prädikat lässt sich jedoch nicht immer erfragen (z. B.: Es dauert 40 Minuten.) und auch nicht ohne inhaltliche Veränderung verschieben (z. B.: Das Haus ist gelb.). Einleuchtender erscheint da die Praxis des Feldermodells, bei der das finite Verb in einer Sonderstellung dauerhaft in den Verbklammern verbleibt. Im Feldermodell wird daher nicht vom „Prädikat" als Satzglied gesprochen, sondern vom finiten Verb, das seinen festen Platz in den Verbklammern hat und somit eindeutig die zentrale Stellung im Satz einnimmt. Das **Subjekt** ist und bleibt ein besonderes Satzglied, da es das Bezugswort des Verbs ist und direkt vor oder hinter dem finiten Verb steht. Weitere Satzglieder werden als inhaltliche Ergänzungen betrachtet. Alle Satzglieder können sich einzeln ins Vorfeld der Tabelle verschieben (umstellen) lassen, allerdings ohne dass es dabei zu semantischen Veränderungen des Satzes kommen darf. Im Vorfeld steht immer nur ein Satzglied. Somit ist das Vorfeld des Feldermodells auch eine große Hilfe und Vereinfachung bei der Abgrenzung von Satzgliedern durch die **Umstellprobe**. Ein Satzglied kann aus einem ganzen Satz (**Gliedsatz**), einer Wortgruppe (z. B. einer **Nominalgruppe**) oder auch nur aus einem Wort bestehen. Auch wenn sich die Objekte durch die Weglass-, Artikelwort-, die Umstellprobe und/oder die passenden W-Fragen ermitteln lassen können, ist es vor allem für DaZ-Lerner sehr sinnvoll, die Verben auswendig zu lernen, die bei Objekten die Flexion im **Akkusativ, Dativ** oder **Genitiv** erzwingen. Beim **Präpositionalobjekt** kann die Flexion im Akkusativ oder Dativ erfolgen. Auch dies ist in aller Regel vom jeweiligen Verb abhängig. Daher finden Sie in diesem Heft die Wortkarten (Verben) systematisch nach der jeweils zwingenden Flexion sortiert vor. So können diese von den Lernern strukturiert ergänzt und gelernt werden.

Zeichensetzung im Feldermodell

Sätze fordern prinzipiell jeweils am Ende ein Satzzeichen und können aus mehreren Teilsätzen bestehen. Da jeder Teilsatz in aller Regel ein finites Vollverb beinhaltet, muss in den meisten Fällen zwischen Teilsätzen ein Komma gesetzt werden, wenn ein weiteres finites Vollverb im Nachfeld vorhanden ist. Dies ist vor Subjunktionen (z. B.: da, sodass, während, weil …) im Nachfeld **immer** der Fall. Vor den Konjunktionen *und/sowie* (Merkhilfe für Lerner: US) im Nachfeld steht dagegen **nie** (zwingend) ein Komma. (Mögliche) Satzzeichen werden in diesem Band durch Bäume visualisiert, die grenzziehend und – im optionalen Raum des *großen* „Königreichs Satz" mit Nachfeld – transparent eingefügt sind. Diese Visualisierung stellt auch eine Erinnerungshilfe für Schreiber dar.

Wortgrammatik: Das deutsche Verb im Aktiv

Das Verb sollte nicht als Tätigkeitswort bezeichnet werden

Das Verb sollte nicht als „Tätigkeitswort" oder „Tunwort" bezeichnet werden, da diese Bezeichnung die Lerner irreführen kann. Eine Tätigkeit oder ein Tun stellt – semantisch betrachtet – immer eine aktive Handlung dar. Verben stellen jedoch nicht immer eine *aktive* Handlung dar: „Ich habe Hunger!" oder „Wir kennen das nicht" verdeutlichen dies. Hilfreicher ist es somit, Verben nach ihrer jeweiligen Funktion zu benennen. Zu unterscheiden sind **Tätigkeitsverben** (laufen), **Zustandsverben** (liegen) und **Vorgangsverben** (sinken). Diese werden allgemein als **Vollverben** bezeichnet. Daneben finden sich **Hilfsverben** (haben, sein, werden), **Modalverben** (sollen, wollen, können, mögen, müssen, dürfen), **Kopulaverben** (Verb + Adjektiv / Nomen: sein, bleiben, werden), **reflexive und reziproke Funktionsverben** (sich verlieben / sich kennen), **Funktionsverben** (Verb + Nomen: in Erfahrung bringen) und **Spezialverben** (zu + Infinitiv: versuchen zu lernen).

Flexion des Verbs

Das infinite Verb

Als infinites Verb wird die nicht flektierte Grundform (Infinitiv) des Verbs bezeichnet, z. B. „sehen", „bleiben", „verstehen". Das infinite Verb ist eine solide Grundlage für den systematischen Grammatikaufbau bei Lernern. Insbesondere das **Stammprinzip** (= Grundprinzip der deutschen Rechtschreibung, das besagt, dass ein Wortbestandteil immer auf dieselbe Art geschrieben werden soll) ist bei der Flexion des einzelnen Verbs in **Numerus** (Singular/Plural), **Person** (1.–3.) und **Tempus** (Zeitform) oft eine große Hilfe.

Die Darstellung des infiniten Verbs in diesen Materialien

Wenn König Verb infinit (= unbeschäftigt) ist, zeigt sich das dadurch, dass er tatenlos mit den Händen in den Taschen, ohne Uhr und ohne Brille dargestellt wird.

Der Wortstamm

Schwache Verben verändern ihren Stamm bei der Flexion nicht (z. B.: leben). Gemischte und starke Verben verändern ihren Stammvokal teilweise schon im Präsens (2./3. Person Singular), was immer wieder zu Schwierigkeiten bei Lernern führt:

		treffen		
Singular	1.	ich	tr**eff**	e
	2.	du	tr**iff**	st
	3.	er/sie/es	tr**iff**	t
Plural	1.	wir	tr**eff**	en
	2.	ihr	tr**eff**	t
	3.	sie	tr**eff**	en
Numerus	**Person**	**Genus**	**Stamm**	**Endung**

Die Darstellung des Wortstamms in diesen Materialien

Der Stammbaum der königlichen Familie wird auch als „Verbstamm" bezeichnet:

Trennbares und nicht trennbares Verb

Es gibt in der deutschen Sprache trennbare und nicht trennbare Verben. Dieses Unterscheidungsmerkmal wird bei der Konjugation und durch die Lexikalklammer/Präverbklammer im Satz erkennbar.

Einblick in die deutsche Grammatik mithilfe des Feldermodells

Trennbare Verben und das Präverb

Infinite trennbare Verben haben vor dem Stamm ein **Präverb**, das sich bei der Konjugation löst und nach hinten gestellt wird, z. B.: **hingehen** – Ich **gehe hin**.

Person	Verbstamm	Endung	Präverb
ich	**geh**	e	**hin**

Weitere Beispiele für Präverben sind: ab-, an-, auf-, aus-, bei-, da-, durch-, ein-, fest-, fort-, her-, herauf-, heraus-, herein-, herüber-, hinauf-, hinein-, hinüber-, hinunter-, hoch-, los-, mit-, nach-, tief-, über-, um-, unter-, vor-, weg-, zu-, zusammen-.

Im deutschen Satz bilden trennbare Verben im Präsens und Präteritum eine Verbklammer, die Lexikalklammer/Präverbklammer. Das heißt, dass das Präverb in die rechte Klammer gesetzt wird:

Vorfeld	linke Klammer	Mittelfeld	rechte Klammer	Satzzeichen
Der König	**ging**	dort	**hin**	.

Die Darstellung der trennbaren Verben in diesen Materialien

König Verb trägt infinit eine Krone. Trennbare Verben werden im Material (trennbare) „Krone-Verben" genannt. Die Krone stellt das Präverb dar und kann *auf-, ab-, um-, hinauf-* ... heißen. Sobald König Verb finit ist, seine Brille aufsetzt und sich mit dem Präsens oder Präteritum beschäftigt, drückt ihn die Krone. Daher legt er dann seine Krone, die in der Sprache des Königreichs ebenfalls „Präverb" heißt, neben sich. Im Königreich Satz legt oder wirft er die Krone in die rechte K(l)ammer.

Die Darstellung von nicht trennbaren Verben in diesen Materialien

Nicht trennbare Verben werden im Material nicht trennbare „Anhänger-Verben" genannt (z. B.: bewerten, verlaufen). König Verb trägt hier infinit einen Anhänger, den er nicht ablegen kann. Auf dem Anhänger steht das jeweilige Präfix des nicht trennbaren Verbs (be-, ent-, er-, ver- ...). Somit heißt ein Anhänger in der Sprache des Königreichs beispielsweise „Präfix: ent-".

Das finite Verb

Schwache, starke und gemischte Verben

Die Unterscheidung der Verben in stark, schwach und gemischt wird wichtig, wenn es um die Flexion des Verbs geht. Verben verändern sich unterschiedlich, wenn sie flektiert werden. Während sogenannte schwache Verben immer nach demselben Muster flektiert werden und dementsprechend beliebt bei Lernern sind, zeigen starke und gemischte Verben bei der Flexion Unregelmäßigkeiten. Aufgrund dessen werden starke und gemischte Verben fälschlicherweise oft als unregelmäßig bezeichnet, obwohl sie in der Flexion durchaus Regelmäßigkeiten aufweisen. Durch das Aufzeigen von Regelmäßigkeiten bei starken und gemischten Verben können diese wieder in Systeme eingebunden und dadurch leichter gelernt werden. Diesen grammatischen Phänomenen wurde in diesen Materialien bei der Auswahl der Verben auf den Wortkarten Rechnung getragen.

Schwache Verben

Die meisten deutschen Verben sind schwach. „Schwach" sind Verben, deren Verbstamm in allen Zeitformen und Modi gleich bleibt. Der Stammvokal des Verbs verändert sich nicht, z.B.: kaufen – kauft – kaufte – gekauft; schauen – schaut – schaute – geschaut. Das Partizip II wird durch das Zirkumfix „ge-" und „-(e)t" gebildet: ich habe gekauft / ich habe geredet. Der Stamm bleibt unverändert (kauf-/red-).

Starke Verben

Starke Verben heißen so, weil sie sich im Laufe der Zeit nicht an das Flexionsschema des schwachen Verbs angepasst haben. Trotzdem gibt es auch bei ihnen Regelmäßigkeiten. Eine davon ist beispielsweise eine gleiche Veränderung des Stammvokals (tragen – trug / schlagen – schlug) und das Suffix -en bei der Bildung des Partizips II. Starke Verben und ihre Flexion, die von der der schwachen Verben abweicht, müssen auswendig gelernt werden. Um dies zu erleichtern, sind die Pflicht- und Wahlwortkarten zu den Sequenzen auch bei starken Verben im Hinblick auf Regelmäßigkeiten in ihrer Flexion systematisch sortiert.

Gemischte Verben

Bei gemischten Verben handelt es sich um Verben, die bei der Flexion Merkmale von starken und schwachen Verben aufweisen. Gemischte Verben verändern den Stammvokal des infiniten Verbs im Präteritum und im Partizip II, haben aber sowohl im Präteritum als auch im Partizip II das Präfix bzw. das Suffix (zusammen das „Zirkumfix") der schwachen Verben, nämlich das „ge-" und „-t", z.B.: kennen – kannte – gekannt; denken – dachte – gedacht. Gemischte Verben sind z.B. brennen, bringen, denken, kennen, nennen, rennen, wissen und deren Verbindungen mit Präverben/Präfixen. Die hier genannten Verben *bringen, wissen* und *denken* zeigen noch weitere Besonderheiten in ihrer Flexion.

Das finite Verb im Aktiv

Merkmale des finiten Verbs: Person, Numerus und Tempus

Um ein Verb stimmig zur Aussage zu flektieren, benötigt es Eckdaten wie Person, Anzahl und Zeit. Die Person wird im Satz ein bestimmender Faktor, da mit ihr auch das Subjekt verkörpert wird. Die 1.–3. Person kann im Singular oder Plural – Einzahl oder Mehrzahl – stehen. Dementsprechend verändert sich das Verb.

Die Darstellung des finiten Verbs mit Wortstamm, Person und Numerus in diesen Materialien

König Verb muss, sobald er „finit", also mit dem Konjugieren beschäftigt ist, seine Brille aufsetzen, um genau hinschauen zu können, was im Königreich der Familie passiert (ist). Sie können die Brille mit einem Folienstift auf das laminierte Material zeichnen, sofern sie nicht schon abgebildet ist. Der Arm stellt den Numerus dar. In den Bänden für die Grundschule hebt König Verb seinen Arm im Plural und senkt ihn im Singular. Da er in der Sekundarstufe ein bisschen faul geworden ist, streckt er finit seinen linken Arm als Erinnerung an Person und Numerus nur noch waagerecht aus. Für den Begriff „Endung" wird „Suffix" eingeführt.

Einblick in die deutsche Grammatik mithilfe des Feldermodells

Zeitmerkmal des finiten Verbs: Das Tempus

Im Feldermodell spricht man vom **Präsensperfekt**, wenn in der (nahen) Vergangenheit etwas geschehen ist, das in die Gegenwart (**Präsens**) hineinwirkt. Das Präsensperfekt wird dadurch ebenso wie das Präsens oft in der wörtlichen Rede gebraucht: „Hast du den (gerade vorbeifahrenden) Zug gesehen?" (hinterhersehend) „Ja, habe ich." Die finiten Hilfsverben *haben* und *sein* stehen bei der Bildung des Präsensperfekt im Präsens mit einem Vollverb im Partizip II (z. B.: Der König hat etwas gesagt.). **Präteritumperfekt** bringt üblicherweise einen Sachverhalt zum Ausdruck, der chronologisch weiter zurückliegt als einer, der meist im **Präteritum** formuliert wird (z. B.: Nachdem das Kind den Vogel gesehen hatte, fing es ihn.). Die finiten Hilfsverben *haben* oder *sein* stehen im Präteritum mit einem Vollverb im Partizip II. Das **Futur** wird mit dem finiten Hilfsverb *werden* im Präsens und einem Vollverb im Infinitiv gebildet (z. B.: Der Vogel wird den Wurm fangen.). Es drückt eine Vermutung aus, die in der Zukunft liegt. Ebenso das Futurperfekt. Das **Futurperfekt** wird wie das Futur mit dem Hilfsverb *werden* gebildet, zusätzlich jedoch mit dem Partizip II und dem Infinitiv der Hilfsverben *haben* oder *sein* (z. B.: Das Kind wird den Vogel gefangen haben. / Der König wird gegangen sein.). Neben der Vermutung kommt hier noch die Komponente der Vorzeitigkeit zu Futur zum Ausdruck. Die Zeitformen Futur, Präsensperfekt, Präteritumperfekt und Futurperfekt bilden im Satz mit dem jeweiligen Hilfsverb (auch Perfekthilfsverb) eine Tempusklammer.

Schaubild der Zeiten:

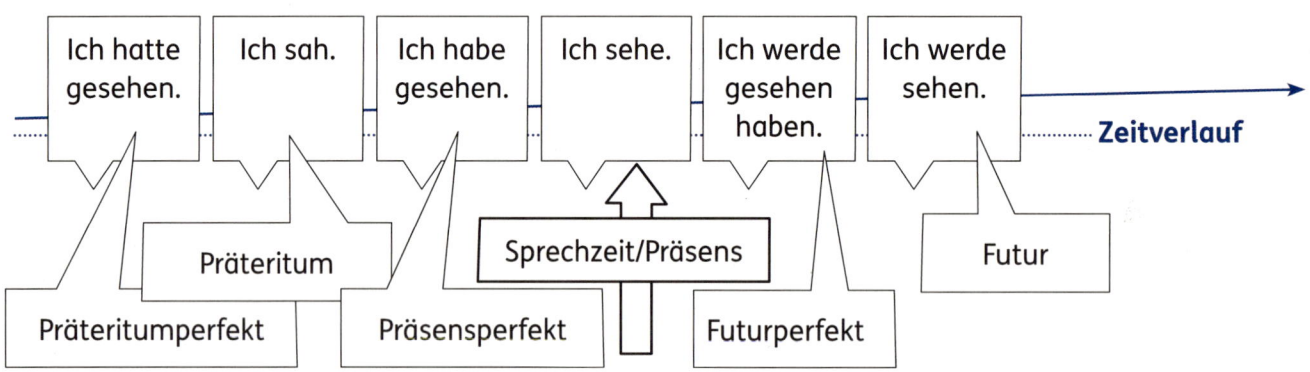

Die Darstellung des Tempus in diesen Materialien (Präsens/Präteritum)

Sobald König Verb „finit", also beschäftigt ist, trägt er neben der Brille und dem ausgestreckten Arm, der an die Person / den Numerus erinnern soll, auch eine Uhr als Erinnerung an das Tempus.

Die Darstellung des Partizips II mit Hilfsverb

Wenn das Präsensperfekt, Präteritumperfekt oder Futurperfekt gebildet werden soll, wird – neben den Hilfsverben *haben*, *sein* oder *werden* in der jeweils passend konjugierten Form – das Partizip II des Verbs benötigt. König Verb lässt in diesen Fällen sein Hilfsverb, dargestellt durch die Uhr, für sich arbeiten. Die Uhr wird finit, trägt eine Brille, da ja nun sie konjugiert, und streckt dementsprechend als

Erinnerung an den Numerus den Arm waagerecht aus. König Verb hat als Partizip II „frei". Er ist somit infinit und nutzt die Gelegenheit, um in seiner Badewanne in der rechten K(l)ammer zu baden. Zum Baden benötigt König Verb seinen Schwimmring „Zirkumfix" und eine Badekappe. Das Zirkumfix besteht bei schwachen Verben in aller Regel aus drei Teilen: dem Präfix „ge-", dem Verbstamm und dem Suffix „-(e)t" (z. B.: **ge**-hör-**t**). Bei schwachen trennbaren Krone-Verben bleibt das Präverb vor dem Zirkumfix erhalten (z. B.: **auf**gehört). Dargestellt wird dies in diesen Materialien, indem König Verb beim Baden die Krone aufbehält. In aller Regel bilden nicht trennbare schwache Verben das Partizip II mit dem Suffix „-(e)t" und ohne Infix „**ge-**" (z. B.: verkauf**t**). In diesen Materialien rutscht deshalb der Anhänger (Präfix) an die erste Stelle des Zirkumfix. Bei starken Verben wird das Suffix **-en** verwendet (z. B.: gehalt**en**). In aller Regel bilden trennbare starke Verben das Partizip II mit vorangestelltem Präverb und dem Zirkumfix „ge- -en" (z. B.: **vor**ge**sehen**) und nicht trennbare starke Verben werden als Partizip II im Infinitiv verwendet (z. B.: vergeben). Bei allen starken Verben ändert sich bei der Konjugation der Stammvokal oder auch ganze Morpheme (best**eh**en – best**and**en). Gemischte Verben wiederum werden wie die schwachen Verben mit Zirkumfix „ge- -t" gebildet, allerdings ändert sich auch bei ihnen der Stammvokal (z. B.: n**e**nnen – gen**a**nnt). Die Wortkarten mit starken Verben sind in diesem Band nach Stammvokaländerung sortiert.

Die didaktische Aufbereitung der Materialien[2]

Während Sie in diesem Band z. B. Stundenentwürfe, Erzähltexte, zu dem in der jeweiligen Sequenz behandelten Phänomen passende und meist quantitativ differenzierte Verbkarten (**WKP** = Pflichtwortkarten/**WKW** = Wahlwortkarten), Arbeitsblätter (**AB**) und **Lernspiele** finden, besteht das Zusatzmaterial, das Sie online herunterladen können, aus zwei **Lernstandserhebungen**, den **Lösungen** zu den Arbeitsblättern bzw. Lernstandserhebungen, **Lobkarten** sowie einer **Satzwerkstatt**. Diese besteht aus Wortkarten (Nomen, Adjektive), die den Grundwortschätzen entnommen sind. Sie sollten für alle Lerner zusammen einmal ausgedruckt und eventuell laminiert werden und von Anfang an sichtbar im Raum platziert sein. Hierzu eignen sich kleine Kisten, die mit „Nomen", „Adjektive" oder „Überschriften" beschriftet werden. Bei den Nomen ist der bestimmte Artikel für DaZ-Lerner farbig markiert. Die Satzwerkstatt kann jederzeit mit weiteren Wortkarten, Bildern, Sätzen oder **Texten zur Analyse** oder auch durch **kreative Schreibanlässe** erweitert werden. Mithilfe der **Lobkarten** werden besondere Leistungen der Kinder gewürdigt.

Damit Sie wissen, welches Material für welche Sequenz benötigt wird, finden Sie die entsprechenden Abkürzungen (KR1, TB1 …) im Ablaufplan. Auch die Wortkarten sind nummeriert. Die Nummern hinter den Abkürzungen entsprechen den Nummern der jeweiligen Sequenz, sodass sie problemlos der Sequenz zugeordnet, vor einer Lernstandserhebung für inhaltlich wiederholende **Lernspiele** oder für weitere Übungen genutzt und anschließend wieder sortiert werden können. Die Arbeitsblätter in diesem Heft sollten für die Lerner kopiert und in einem eigenen **Portfolio** (Ordner) gesammelt werden.

Jeder Lerner benötigt ein laminiertes Königreich **KR1**, **AU1-1** und **AU1-2** als Arbeitsgrundlage. Auf ihnen kann mit einem wasserlöslichen Stift geschrieben und verbessert werden. Bei AU1-2 sollten die Kronen und Anhänger durch die Lerner ausgeschnitten werden. Alles wird in Klarsichthüllen oder kleinen Schachteln gesammelt. Sollten bei einer Sequenz weitere Figuren (**F1**) oder Wortstreifen nötig sein, so finden Sie die Hinweise hierzu im Ablaufplan und Erzähltext. Auch müssen die Wortkarten zur jeweiligen Sequenz pro Lern-Tandem und für den Lernbegleiter einmal kopiert/ausgedruckt und eventuell laminiert werden. Zur Einführung benötigt der Lernbegleiter teilweise ein **Hintergrundbild** und Figuren aus dem sogenannten Tafelbild (**TB**). Diese Figuren sollten ausgeschnitten werden. Sie werden in den Einstiegsphasen mit dem Hintergrundbild wie bei einem Film über die Dokumentenkamera gezeigt. Ebenso sollten die Kleinfiguren (**F1**), die **Sprechblasen** sowie die ggf. nötigen **Satzstreifen** ausgeschnitten werden. Diese sollten bei Bedarf (siehe Erzähltexte) schon im Vorfeld zu **Wortstreifen** auseinandergeschnitten werden. Eine **Dokumentenkamera** und ein passender **Beamer** sind von großem Vorteil, da die Erzähltexte, Hintergründe und Materialien (insbesondere zur

---
[2] Fachlich beziehe ich mich vorrangig auf: Granzow-Emden, Matthias (2014): Deutsche Grammatik verstehen und unterrichten. 2. Auflage. Tübingen: Narr Verlag.

Einblick in die deutsche Grammatik mithilfe des Feldermodells

Einführung) derart aufeinander abgestimmt sind, dass sie den größten Effekt erzielen, wenn sie über eine Dokumentenkamera projiziert werden. Die Figuren, Arbeitsblätter und Arbeitsunterlagen können alternativ auch auf Folie kopiert und über den Tageslichtprojektor projiziert oder ausgedruckt und/ oder ausgeschnitten an die Tafel gehängt werden. Dies hat jedoch nicht denselben Effekt.

Differenzierung

In den **kooperativen Arbeitsphasen** sollte **ritualisiert** in **gemischten Lern-Tandems** gearbeitet werden. Das heißt, dass immer ein schwächerer und ein stärkerer Lerner zusammenarbeiten sollten, um sich bei Fragen oder in der Austauschphase zu unterstützen (Think – Pair – Share). Dabei sollte der Lernstand nicht zu stark abweichen. Wie bereits erläutert, sollte der „Stärkste" der „Schwachen" mit dem „Stärksten" der „Starken" zusammenarbeiten etc. Die Lern-Tandems sollten sich einen Namen geben, um ein Gemeinschaftsgefühl zu entwickeln. Jedes Team sollte möglichst dauerhaft (3–6 Monate) zusammenarbeiten. Die Anzahl der zu bearbeitenden Wortkarten kann in aller Regel durch den Einsatz der Pflicht- (WKP) und Wahlkarten (WKW) variiert werden. Die schnellen Lerner können auch die Wortwahlkarten (WKW) zur Sequenz nutzen (quantitative Differenzierung). Es hängt von den jeweiligen Lernständen der Lerner ab, wie viele Übungsstunden zu den einzelnen Phänomenen zwischen den einzelnen Sequenzen nötig sind. Dies ist individuell zu entscheiden. Die Materialien in Band 1 und 2 für die Grundschule bieten sich ebenfalls zur Differenzierung an. Weitere Differenzierungsmöglichkeiten ergeben sich durch die „Lernkarten zum Feldermodell", die Anwendungsaufgaben (zur Wahl) beinhalten.

Lerninventur / Feedback zum Lernzuwachs

Ob etwas verstanden wurde oder Nachfragen/Hilfen notwendig sind, wird ritualisiert während und am Ende einer Sequenz abgefragt. Jeder Lerner kann mit einer grünen (verstanden und fertig), einer gelben (ich bräuchte noch ein bisschen Hilfe) oder einer roten Karte (ich verstehe nichts) anzeigen, wie es um den Lernzuwachs bestellt ist. So können Sie individuell Unterstützung anbieten. Die Rückmeldekarten lassen sich leicht aus farbigem Tonpapier herstellen. Weitere Möglichkeit: Die Lerner können sie schon während der Sequenz mit einer Wäscheklammer an einer kleinen Fahnenstange aus Holz am Tisch befestigen. Ein Lerntagebuch kann unterstützend eingesetzt werden.

Selbstkontrolle

Da die Wortkarten der jeweiligen Sequenz nach grammatischem Phänomen sortiert sind, fällt eine Überprüfung der Flexion relativ leicht. Die Selbstkontrolle kann jedoch auch online erfolgen. Hierzu können Smartphones oder iPads genutzt werden. Empfehlenswerte Apps dazu sind „Verben Lite", „Deutsche Verben" oder https://deutsch.lingolia.com/de/grammatik/konjugator.

Thematische Aufbereitung

In der Regel handelt es sich bei jeder Sequenz um zwei einzelne, inhaltlich zusammenhängende Einheiten (**Basislernen 1 + 2**), die jeweils durch weitere Aufgaben mit den dazugehörigen Wortkarten zur Wahl, zusätzlichen Arbeitsblättern, den Lernspielen oder durch den Einsatz der schon erwähnten Lernkarten vertieft werden können. Dies ist von der Lerngruppe und den äußeren Bedingungen abhängig und sollte deshalb individuell entschieden werden. So können die einzelnen Sequenzen auch als einzelne Module genutzt oder bei Bedarf weiter unterteilt werden. Die Sequenzen bauen allerdings inhaltlich aufeinander auf und werden immer komplexer, sodass die Reihenfolge eingehalten werden sollte. Die permanente Wiederholung der Begriffe dient der Einprägung.

Einblick in die deutsche Grammatik mithilfe des Feldermodells

Aufbau der Sequenzen

Alle Sequenzen sind ritualisiert aufgebaut:

Ankommen	Motivieren / Vorwissen aktivieren
Basislernen	Input / exemplarisches Vorgehen
Differenzierungsphase	Tandem/Erarbeitung
Ergebnissicherung	Vergleich der Ergebnisse / Ausfüllen der Arbeitsblätter
Auswertung/Abschluss	Feedback zum Lernzuwachs

Erzähltexte zur Grammatik

Zur schülergerechten Einführung finden Sie im Folgenden kurze Geschichten aus dem Königreich der Familie Verb, die Sie ritualisiert am Anfang einer Sequenz mit eigenen Worten wiedergeben oder auch vorlesen können. Die **fett gedruckten Wörter** sollten Sie dabei unbedingt erwähnen, da diese später gemeinsam in die jeweiligen Arbeitsblätter eingetragen werden sollen. Sagen Sie dies den Lernern am besten gleich im Vorfeld, damit sie sich die Begriffe frühzeitig merken können. Sobald Sie einen der **fett gedruckten Begriffe** vortragen, geben Sie zeitgleich dazu ein Handzeichen, damit die Lerner sehen, dass dies ein wichtiger Begriff ist, der gelernt werden muss. Die Arbeitsblätter enthalten teilweise weiterführende Aufgaben, die Sie gemeinsam mit den Lernern erarbeiten können.

Weitere Differenzierung / Ritualisierung

Bei Lernern mit geringeren Deutschkenntnissen (oder auch zur Freude aller) können die Verben auf den Wortkarten zu Beginn einer Stunde ritualisiert pantomimisch (durch Lerner) dargestellt und erraten sowie eventuell auch systematisch zugeordnet werden (Tätigkeitsverb/Zustandsverb/Vorgangsverb), sodass ein semantisches Verständnis, die differenzierte Zuordnung der Wörter auf den Wortkarten zur Wortart „Verb" und das Lernen derselben erleichtert wird. Anstelle von *Lexikalklammer/Tempusklammer* kann auch der Oberbegriff *Verbklammer* verwendet werden.

Viele Verben sollten hinsichtlich eines besonderen grammatikalischen Phänomens systematisch auswendig gelernt werden. Hierzu bieten sich die nach Phänomen sortierten Wortkarten an, die auch mithilfe einer **Lernwörterbox** (z. B. Bestell-Nr.: 5318) Schritt für Schritt gelernt und als Wörtertest oder innerhalb zu formulierender Texte abgefragt werden können. Als weitere Option stehen Zusatzarbeitsblätter online zur Verfügung.

Ablaufplan zu Sequenz 1

Sequenz 1: Wiederholung der Grundbegriffe: Schwache, starke und gemischte Verben

Ablaufplan zu Sequenz 1

Thema	Grundbegriffe festigen: schwache, starke und gemischte Verben
Fachliche Ziele	Begriffe lernen: gemischte Verben Begriffe festigen: schwache und starke Verben; Stammvokal(änderung); Endung (Suffix); Konjugation; Infinitiv, infinites und finites Verb; Singular/Plural; Person/Numerus/Tempus; Stamm; Partizip II; Zirkumfix
Material für die Lernbegleitung	Dokumentenkamera/Beamer abwischbarer Folienstift / feuchtes Tuch Wortkarten WKP1 (siehe S. 20) Musik einspielen: Fanfare: https://freesound.org/people/benjaminharveydesign/sounds/350428/ (CC0 1.0 Universal [CC0 1.0] Public Domain Dedication) Arbeitsunterlage AU1-1 (siehe S. 69) Tafelbilder TB1/2/3 (siehe S. 63) Begriffskarten 2.1, 2.3, 2.3 (siehe S. 64) Arbeitsblatt AB1-1 (siehe S. 21) / Arbeitsblatt AB1-2 (siehe S. 22)
Material für die Lerner	abwischbarer Folienstift / feuchtes Tuch Wortkarten WKP1 (siehe S. 20); quantitative Differenzierung durch Auslegen von Wortkarten WKW1 (siehe S. 20) Arbeitsunterlage AU1-1 (siehe S. 69) Arbeitsblatt AB1-1 (siehe S. 21) / Arbeitsblatt AB1-2 (siehe S. 22)
Ankommen Motivieren / Vorwissen aktivieren	im Vorfeld separieren: „lachen", „kneifen", „nennen" aus WKP1 pantomimische Darstellung der restlichen Verben WKP1
Basislernen 1 Input / exemplarisches Vorgehen	Erzähltext vortragen Fanfare abspielen (Vorschlag siehe oben), TB1: König finit erscheint exemplarisches Konjugieren des schwachen Verbs „lachen" auf AU1-1 Murmelrunde: ein starkes (kneifen) und ein gemischtes Verb (nennen) konjugieren auf AU1-1 eintragen; gemeinsames Erarbeiten der jeweiligen Merkmale
Differenzierungsphase Tandem/Aufgaben	WKP1 auf AU1-1 konjugieren; dadurch in schwache/starke/gemischte Verben sortieren quantitative Differenzierung durch WKW1
Ergebnissicherung	Vergleich der Ergebnisse; Eintrag auf AB1-1
Basislernen 2.1	TB2 + Begriffskarten 2.1 auflegen gemeinsames Erläutern der Begriffe und Figuren (deren Symbole)
Differenzierungsphase Tandem/Erarbeitung	Murmelrunde: Wiederholung der Grundbegriffe zum Verb durch Zuordnen der Begriffskarten und Erläutern derselben Vergleich im Plenum
Basislernen 2.2	TB2 + Begriffskarten 2.2 auflegen
Differenzierungsphase	Murmelrunde: Wiederholung der Grundbegriffe zum Verb durch Zuordnen der Begriffskarten und Erläutern derselben Vergleich im Plenum Wichtig: Das Hilfsverb ist finit und verändert sich (konjugiert) im Präsensperfekt; das Partizip II ist infinit. (Es verändert sich nur einmal.)
Basislernen 2.3	TB1 auflegen + Begriffskarten 2.3
Differenzierungsphase	Murmelrunde: Wiederholung der Grundbegriffe zum Verb durch Zuordnen der Begriffskarten und Erläutern derselben Vergleich im Plenum
Auswertung/Abschluss Ergebnissicherung/ Feedback	Eintrag auf AB1-2 Unterlagen in das Portfolio einordnen Feedback zum Lernzuwachs

Erzähltext zu Sequenz 1

Basislernen 1

[WKP1 *lachen*, *kneifen* und *nennen* heraussuchen; separat ablegen; restliche sechs Verben der WKP1 pantomimisch darstellen lassen] „Um welche Wortart handelt es sich hier?" [Verben; Fanfare ertönt: TB König finit + Brille + alle restlichen WKP1 unter der Dokumentenkamera mit der Rückseite nach oben fallen lassen] „Huch! Jetzt habe ich mich aber erschrocken! Das ist König Verb. Beschreibe ihn." [An die Tafel schreiben: Ich sehe …, Ich denke …, Ich frage mich …; Wortbeiträge der Lerner; Fragen nach den Symbolen Uhr/Arm/Brille; Wortbeiträge/Spekulationen der Lerner zulassen] „Das schauen wir uns später genauer an. König Verb hat einen Beruf: Er **konjugiert** Verben. Weiß jemand, was **Konjugieren** bedeutet?" [Wortbeiträge der Lerner; Beispiele sammeln] „Es gibt viele unterschiedliche Verben, die König Verb konjugieren muss. Wenn man diese nach bestimmten **Merkmalen** sortiert, kann man bei der Konjugation weniger falsch machen. Deswegen hat König Verb seine Brille auf: Damit er genau hinsehen kann, was mit den Verben geschieht. Gerade sind mir drei bereits sortierte Wortkartenstapel aus der Hand gefallen. Dabei sind die Wortkarten durcheinandergeraten." [WKP1 *lachen*, *kneifen*, *nennen* umdrehen] „Wie könnten diese Verben hinsichtlich ihrer **Konjugationsmerkmale** sortiert gewesen sein? Das werden wir herausfinden. Dazu **konjugieren** wir selbst." [AU1-1 auflegen. Das Verb „lachen" gemeinsam exemplarisch im Präsens auf AU1-1 konjugieren lassen, dann im Präteritum, danach das Partizip II bilden und ggf. durch Lerner verschriftlichen lassen. Im Lern-Tandem dasselbe mündlich (Flüsterrunde) mit dem starken Verb „kneifen" machen, Ergebnis gemeinsam auf AU1-1 eintragen; die Lern-Tandems konjugieren dann in einer Flüsterrunde „nennen"; danach gemeinsamer Eintrag auf AU1-1] „Wie unterscheiden sich diese Verben voneinander?" [gemeinsames Ausarbeiten der Merkmale: Bei schwachen Verben keine **Stammvokaländerung** bei der Bildung von **Präsens-/Präteritum-/Partizip II**; Partizip II wird mit **Suffix -t** gebildet; starke Verben = **Stammvokaländerung**, Partizip II wird mit **Suffix -en** gebildet; gemischtes Verb = **Stammvokaländerung**; Partizip II wird mit Suffix -t gebildet] „Weiß schon jemand, wie diese drei Gruppen von Verben heißen?" [Wortbeiträge der Lerner; Auflegen der Begriffskarten 1: **schwache, starke und gemischte Verben**]. „Wodurch erkennt man, welche Verben **schwach**, welche **stark** und welche **gemischt** sind?" [Wortbeiträge der Lerner; Unterscheidungsmerkmale farblich markieren; Begriffskarten 1 in AU1-1 zuordnen lassen] „Könnt ihr König Verb jetzt beim Sortieren der restlichen Verbkarten helfen?" [Austeilen von WKP1 + AU1-1 / quantitative Differenzierung durch WKW1] „Konjugiert im Lern-Tandem die Wortkarten WKP1 und sortiert sie nach ‚schwachen', ‚starken' und ‚gemischten' Verben." [Vergleich im Plenum; Eintrag jeweils eines Verbs nach Wahl (WKP1) in die Konjugationstabellen auf AB1-1/AB1-2]

Basislernen 2.1

[Auflegen von TB1 + Begriffskarten 2.1] „Da ist er wieder: König Verb. Es gibt bei den Verben Merkmale, die alle Verben besitzen. Weiß jemand, welche Merkmale dies sind?" [Wortbeiträge der Lerner] „Kann jemand sie auch anhand der Figuren erklären?" [Murmelrunde; Lerner ordnen im Plenum die Begriffskarten den Figuren zu und erläutern.]

Basislernen 2.2

[Auflegen von TB2 + Begriffskarten 2.2] „Weiß jemand, für was diese beiden stehen?" [Murmelrunde; Lerner ordnen im Plenum Begriffskarten den Figuren zu und erläutern.]

Basislernen 2.3

[Auflegen von TB1 + Begriffskarten 2.3] „Gibt es jemanden, der folgende Begriffe erklären kann?" [Murmelrunde; Lerner erläutern im Plenum anhand TB1 + Begriffskarten; AB1-2 gemeinsam ergänzen]

Schwache, starke und gemischte Verben – Wörterliste

lachen WKP1	kochen WKP1	spielen WKP1
kneifen WKP1	greifen WKP1	pfeifen WKP1
nennen WKP1	rennen WKP1	kennen WKP1

schämen WKW1	frühstücken WKW1	aalen WKW1
brennen WKW1	bringen WKW1	denken WKW1
beißen WKW1	schmeißen WKW1	reißen WKW1

AB1-1: Schwache und starke Verben

Name: .... Datum: ....

Schwache Verben

Schwache Verben verändern bei der Konjugation ihren .... nicht.
Außerdem bilden sie das Partizip II mit dem Präfix .... und dem Suffix ....
Diesen „Schwimmring" nennt man auch .... Beispiel: lachen.

Präsens:

ich	lach	e
du		
er/sie/es		
wir		
ihr		
sie		
Person	**Stamm**	**Suffix**

Präteritum:

ich		
du		
er/sie/es		
wir		
ihr		
sie		
Person	**Stamm**	**Suffix**

Partizip II: ge-

Aufgabe: Notiere mindestens zwei weitere Beispiele für schwache Verben aus WKP1/WKW1:

....

Konjugiere diese mündlich mit deinem Partner / deiner Partnerin. Kontrolliert euch gegenseitig.

Starke Verben

Starke Verben verändern bei der Konjugation ihren ....
Außerdem bilden sie das Partizip II mit „ge-" und dem Suffix ....

Aufgabe: Fülle die Konjugationstabellen mit einem **starken** Verb deiner Wahl (WKP1) aus:

Präsens:

ich		
du		
er/sie/es		
wir		
ihr		
sie		
Person	**Stamm**	**Suffix**

Präteritum:

ich		
du		
er/sie/es		
wir		
ihr		
sie		
Person	**Stamm**	**Suffix**

Partizip II:

Aufgabe: Notiere mindestens zwei weitere Beispiele für starke Verben aus WKP1/WKW1:

....

Konjugiere diese mündlich mit deinem Partner / deiner Partnerin. Kontrolliert euch gegenseitig.

Arbeitsblätter zu Sequenz 1

AB1-2: Gemischte Verben und Grundbegriffe

Name: .... Datum: ....

Gemischte Verben

Gemischte Verben verändern bei der Konjugation wie starke Verben ihren ....
Allerdings bilden sie wie schwache Verben das Partizip II mit „ge-" und dem Suffix ....
Aufgabe: Fülle die Konjugationstabellen mit einem **gemischten** Verb deiner Wahl (WKP1) aus:

Präsens:

Person	Stamm	Suffix
ich		
du		
er/sie/es		
wir		
ihr		
sie		

Präteritum:

Person	Stamm	Suffix
ich		
du		
er/sie/es		
wir		
ihr		
sie		

Partizip II:

Es gibt nicht viele gemischte Verben. Du kannst sie auswendig lernen. Fang einfach damit an: nennen, rennen, kennen, brennen, bringen, denken.

Aufgabe: Fällt dir ein Merkspruch zu diesen gemischten Verben ein, der sich reimt? Schreibe ihn auf:

....

Grundbegriffe lernen

Aufgabe: Setze die fehlenden Begriffe ein:

Das Verb ist der „........................... im Satz". Wenn König Verb in der Grundform, also im ....
steht, nennt man ihn .... Wenn König Verb arbeitet, also ....,
nennt man ihn .... Verb. Er muss immer gut hinsehen, wie er ein Verb verändern muss.
Deshalb trägt er bei der Arbeit eine Brille. Wenn er ein Verb anpasst, muss er auf die Anzahl
(...........................) und die Zeit (...........................) achten. Denn bei der Veränderung der Person
und des Numerus ändert sich im Königreich die Endung, die .... genannt wird.
Das Verb hat immer einen ....

infinit — .... (Grundform)

finit — .... (Anzahl) — .... (Zeit) — .... (Endung)

Sequenz 2: Konjugation ausgewählter starker Verben: Stammvokaländerung i – a – u

Ablaufplan zu Sequenz 2

Thema	Stammvokaländerung erkennen: starke Verben i – a – u
Fachliche Ziele	Begriffe festigen: infinites Verb, finites Verb, konjugieren, Einzahl/Singular, Mehrzahl/Plural, Grundform des Verbs, Verbstamm, Zirkumfix, Präsens, Präteritum, Präsensperfekt mit „haben" / Partizip II, Zeit/Tempus, Person, Anzahl/Numerus, Endung/Suffix Wissen aneignen: Tätigkeitswort, Zustandswort, Vorgangswort ausgewählte starke Verben im Präsens, Präteritum und Präsensperfekt konjugieren und Stammvokaländerung i – a – u erkennen ausgewählte starke Verben auswendig lernen
Material für die Lernbegleitung	Dokumentenkamera/Beamer abwischbarer Folienstift / feuchtes Tuch Bild: linke Königskammer (→ Zusatzmaterial) + TB1: König finit Tafelbild TB2 (siehe S. 63): Partizip II + Hilfsverb finit Arbeitsunterlage AU1-1 (siehe S. 69) Wortkarten WKP2/WKW2 (siehe S. 25) Begriffskarten 2.2 Präsensperfekt (siehe S. 64) Arbeitsblatt AB2-1 (siehe S. 26), Arbeitsblatt 2-2 (siehe S. 27)
Material für die Lerner	abwischbarer Folienstift / feuchtes Tuch Arbeitsunterlage AU1-1 (siehe S. 69) Wortkarten WKP2/WKW2 (siehe S. 25) Arbeitsblatt AB2-1 (siehe S. 26), Arbeitsblatt 2-2 (siehe S. 27) Lernwörterbox
Ankommen Inhalte/Ziele, Vorwissen aktivieren	pantomimische Darstellung der Verben WKP2 Bild: linke Königskammer (→ Zusatzmaterial) + TB1: König finit
Basislernen 1/1 Input/Verarbeitung/exemplarische Anwendung	Erzähltext vortragen WKP2 zu Begriffskarten 2 exemplarisch zuordnen
Differenzierungsphase	WKW2 zu Begriffskarten 2 zuordnen
Ergebnissicherung	Eintrag in die Tabelle auf AB2-1
Basislernen 1/2	Erzähltext vortragen exemplarische Konjugation einer WKP2 im Präsens und Präteritum
Differenzierungsphase Tandem/Aufgaben	Lerner konjugieren im Tandem jeweils auf AU1-1 WKP2/WKW2 im Präsens/Präteritum mit dem Ziel, die Stammvokaländerung zu erkennen
Ergebnissicherung	Austausch im Plenum Lückentext AB2-1 gemeinsam ausfüllen
Basislernen 2	Bild: Königskammer (→ im Zusatzmaterial) + TB2: Partizip II + Hilfsverb finit auflegen Erzähltext vortragen exemplarische Konjugation auf AU1-1 + einer WKP1 zur Wahl im Präsensperfekt
Differenzierungsphase Tandem/Aufgaben	Lerner konjugieren in Einzelarbeit/Tandem (EA/T) jeweils auf AU1-1 WKP2 Regelmäßigkeiten in der Stammvokaländerung suchen Bildung von Präsensperfekt mit Hilfsverb + Partizip II analysieren quantitative Differenzierung durch WKW2
Auswertung/Abschluss Ergebnissicherung/Feedback	Stammvokaländerung abgleichen Stammvokaländerung i – a – u kennzeichnen gemeinsames Ausfüllen von AB2-2 Unterlagen in das Portfolio einordnen Feedback zum Lernzuwachs WKP2/WKW2 mithilfe der Lernwörterbox lernen

AB2-2 kann auch für andere starke Verben mit gemeinsamer Stammvokaländerung genutzt werden. Hierzu können die Wortkarten mit gleicher Stammvokaländerung genutzt werden.

Erzähltext zu Sequenz 2

Basislernen 1

[Pantomimische Darstellung einiger Verben WKP2; Bild linke Königskammer über die Dokumentenkamera zeigen; im Flüsterton sprechen] „Pst! Wir befinden uns in einer der Königskammern von König Verb." [TB1: König finit auflegen] „Das ist König Verb. Wenn König Verb arbeitet, befindet er sich meist in seinem Königreich Satz und dort in einer seiner Kammern, die auch **linke und rechte Klammer** genannt werden. Gerade ist er in der **[linken] Klammer**. Dort ist er oft. Er muss arbeiten. Wenn König Verb arbeitet, heißt das in der Sprache des Königreichs …? Weiß das noch jemand?" [**Konjugieren**] „Wenn König Verb konjugiert, ist er **finit**. Was bedeutet das?" [Das Verb verändert sich.] „Das heißt auch, dass König Verb genau hinschauen muss, wie sich das Verb verändern muss. Darum trägt er, wenn er **fit und finit** ist, immer …?" [seine Brille] „Aber: Was ist eigentlich ein Verb?" [Wortbeiträge der Lerner; Begriffskarten 2 unter Dokumentenkamera auflegen; Wortbeiträge der Lerner abwarten] „König Verb bringt uns ja immer einen Stapel Wortkarten mit." [WKP2 auflegen] „Mal sehen, ob wir die Verben zuordnen können." [gemeinsam zuordnen und erläutern; WKW2 austeilen und im Lern-Tandem zu Begriffskarten 2 zuordnen; Vergleich im Plenum; Eintrag auf AB2-1-Tabelle] „König Verb arbeitet viel. Wie heißt das noch mal in der Sprache des Königreichs, wenn König Verb arbeitet?" [**Konjugieren**] „Toll, wie schnell du die Sprache des Königreichs lernst! Wenn König Verb arbeitet, hat er immer seine Uhr in der Nähe. Wozu braucht er die Uhr?" [Wortbeiträge der Lerner; damit er in der richtigen Zeit (**Tempus**) konjugiert] „Und warum streckt er den Arm zur Seite?" [Damit er beim Konjugieren an die Person und die Anzahl (**Numerus: Singular/Plural**) denkt.] „Ihr wisst ja: Wenn König Verb arbeitet, hat er fast immer ein Paket mit Wortkarten bei sich. Darauf stehen Verben, die meist **irgendeine Gemeinsamkeit** haben und wir sollen diese herausfinden. Ist euch schon eine Gemeinsamkeit bei diesen Wortkarten (WKP2) aufgefallen?" [Wortbeiträge der Lerner] „Lasst uns die Gemeinsamkeit herausfinden, indem wir selbst konjugieren." [Auflegen von AU1-1 + WKP2; aus WKP2 eine Karte ziehen, z. B. *binden*; gemeinsam das Verb *binden* im Präsens konjugieren; schriftliches Festhalten auf AU1-1] „Kann jemand das Verb *binden* im Präteritum konjugieren?" [Wortbeiträge der Lerner; schriftliches Festhalten auf AU1-1] „Welche Gemeinsamkeit könnten alle diese Verben wohl haben?" [Vermutungen der Lerner; AU1-1 austeilen; Lerner konjugieren mindestens drei Wortkarten zur Wahl im Präsens/Präteritum mit dem Ziel, die **Stammvokaländerung i – a (starkes Verb)** zu erkennen; Austausch im Plenum; Eintrag auf AB2-1]

Basislernen 2

[Auflegen von Bild linke Königskammer + TB2 Partizip II + Uhr finit als stiller Impuls; Wortbeiträge der Lerner abwarten; eine Wortkarte aus WKP2 ziehen, z. B. *binden*, und offen dazulegen; wieder Wortbeiträge der Lerner abwarten; Begriffskarte 2.2 *Präsensperfekt* auflegen und Wortbeiträge der Lerner abwarten; *haben* auf die Uhr schreiben und ‚ge-bund-en' auf den Schwimmring schreiben; gemeinsames Konjugieren von *binden* im **Präsensperfekt** auf AU1-1] „Warum hat die Uhr im Präsensperfekt die Brille auf und den Arm oben?" [Wortbeiträge der Lerner; das Hilfsverb konjugiert anstelle des **Vollverbs**. Es passt sich in **Person und Numerus** an, ist also **finit**.] „Und König Verb?" [König Verb wird zu **Partizip II**. Er verändert sich dann nicht mehr, er ist also **infinit**, zieht seinen Schwimmring an und geht baden.] „Weiß jemand, wie der Schwimmring in der Sprache des Königreichs heißt?" [**Zirkumfix**] „Findet ihr die Gemeinsamkeit der Verben auf den Wortkarten bei der Bildung des Partizips II?" [Austeilen AU1-1 + WKP2; Lerner konjugieren im Tandem mindestens drei der WKP2 auf AU1-1 im Präsensperfekt; geteilte Erkenntnis im Plenum: **Stammvokaländerung = u**; jeweiligen Stammvokal einkreisen] „Das ist ja stark! Welche Gemeinsamkeit haben diese Verben noch?" [Partizip II die **Endung -en** + **Stammvokaländerung**] „Wie nennt man diese Verben, die eine Stammvokaländerung haben und das Partizip II mit dem **Suffix -en** bilden?" [**starke Verben**]

[Optional: mündliche Konjugation der restlichen WKP2 (WKW2) im Lern-Tandem; Eintrag auf AB2-2] „Diese starken Verben musst du auswendig lernen." [Lernen der Verben mithilfe der Lernwörterbox]

Starke Verben i – a – u – Wörterliste

binden WKP2	singen WKP2	finden WKP2
klingen WKP2	ringen WKP2	zwingen WKP2
gelingen WKP2	schwinden WKP2	springen WKP2

dringen WKW2	schlingen WKW2	trinken WKW2
wringen WKW2	sinken WKW2	winden WKW2
schwingen WKW2	empfinden WKW2	stinken WKW2

Wortkarten zu Sequenz 2: Pflichtkarten (WKP2) und Wahlkarten (WKW2)

AB2-1: Was ist ein Verb?

Name: .... Datum: ....

Ein Verb kann ein ...., ein ....
oder ein .... sein.

Aufgabe: Ordne Verben deiner Wahl aus WKP2/WKW2 in die Tabelle ein:

Tätigkeitswort			
Zustandswort			
Vorgangswort			

Konjugation starker Verben

König Verb passt auf, dass alles, was gesagt werden soll, richtig ausgedrückt wird. Darum setzt er bei der Arbeit seine Brille auf. Wenn er arbeitet, sich also anpasst, nennt man das ....
Die .... Verben in der Tabelle (oben) zeigen beim Konjugieren Gemeinsamkeiten. Welche?
....

Ich bin fit und ....!

Konjugation im Präsens/Gegenwart:

.... (Einzahl)

.... (Mehrzahl)

Person	Stamm	Suffix
1. ich		
2. du		
3. er/sie/es		
1. wir		
2. ihr		
3. sie		

Konjugation im Präteritum/Vergangenheit:

.... (Einzahl)

.... (Mehrzahl)

Person	Stamm	Suffix
1. ich		
2. du		
3. er/sie/es		
1. wir		
2. ihr		
3. sie		

Aufgabe: Konjugiere weitere Verben aus der Tabelle oben auf AB2-2.

AB2-2: Starke Verben und Partizip II

Name: .... Datum: ....

Frage: Welche Gemeinsamkeiten haben diese Verben? Markiere diese (rot). Beantworte unten die Frage.

Grundform des Verbs:

Präsens von		
ich		
du		
er/sie/es		
wir		
ihr		
sie		
Person	Stamm	Suffix

Präteritum von		
ich		
du		
er/sie/es		
wir		
ihr		
sie		
Person	Stamm	Suffix

Hilfsverb + Partizip II

Person	Hilfsverb	Zirkum-	Stamm	-fix
			Partizip II	

Grundform des Verbs:

Präsens von		
ich		
du		
er/sie/es		
wir		
ihr		
sie		
Person	Stamm	Suffix

Präteritum von		
ich		
du		
er/sie/es		
wir		
ihr		
sie		
Person	Stamm	Suffix

Hilfsverb + Partizip II

Person	Hilfsverb	Zirkum-	Stamm	-fix
			Partizip II	

Antwort: Diese .... Verben verändern bei der Konjugation ihren .... von .... (Präsens) zu .... (Präteritum) zu .... (Partizip II). Weitere starke Verben, die ihren Stammvokal von .... nach .... nach .... ändern, sind:

Aufgabe: Lerne die Verben auf den Wortkarten WKP2/WKW2 auswendig. Nutze dazu die Lernwörterbox.

Arbeitsblätter zu Sequenz 2

Ablaufplan zu Sequenz 3

Sequenz 3: Wiederholung der Grundbegriffe: Nicht trennbare starke Verben und trennbare starke Verben

Ablaufplan zu Sequenz 3

Thema	Wiederholung trennbares / nicht trennbares Verb
Fachliche Ziele	Begriffe festigen: starkes nicht trennbares Verb (starkes Anhänger-Verb), starkes trennbares Verb (starkes Krone-Verb), Präfix, Präverb, Partizip II, Zirkumfix, Stammvokaländerung, Person, Singular/Plural
Material für die Lernbegleitung	Dokumentenkamera/Beamer abwischbarer Folienstift / feuchtes Tuch Bild: Königskammer (→ siehe Zusatzmaterial), Tafelbild TB1: König finit + Anhänger (mit Klebeknetmasse befestigt) Wortkarten WKP2 (siehe S. 25) / WKP3 (siehe S. 30): jeweils die Verben der ersten Reihe Wortkarten WKW2 (siehe S. 25) / WKW3 (siehe S. 30): jeweils die Verben der ersten Reihe Tafelbild TB1 (siehe S. 63): König finit + Krone horizontal mit Klebestreifen befestigen Arbeitsunterlage AU1-2 (siehe S. 70): Anhänger/Krone mit Klebeknetmasse befestigen Arbeitsblatt AB3-1 (siehe S. 31), Arbeitsblatt AB3-2 (siehe S. 32)
Material für die Lerner	abwischbarer Folienstift / feuchtes Tuch Arbeitsunterlage AU1-1 (siehe S. 69) Arbeitsunterlage AU1-2 (siehe S. 70): Anhänger + Krone Wortkarten WKP3/WKW3 (siehe S. 30) Arbeitsblatt AB3-1 (siehe S. 31), Arbeitsblatt AB3-2 (siehe S. 32)
Ankommen Motivieren / Vorwissen aktivieren	pantomimische Darstellung der Verben WKP3 Bild: Königskammer (→ siehe Zusatzmaterial) erste Reihe WKP3 auslegen Tafelbild TB1: König finit (siehe S. 63) + Anhänger
Basislernen 1 Input / exemplarisches Vorgehen	Anhänger als Symbol für das Verb-Präfix erkennen Gemeinsamkeit der Verben finden
Differenzierungsphase Tandem/Aufgaben	ausgewählte starke, nicht trennbare Verben (WKP3) auf AU1-1 konjugieren Regelmäßigkeiten finden (Präfix bleibt am Stamm; Stammvokaländerung; besondere Bildung des Partizips II)
Ergebnissicherung	Visualisierung auf AU1-2 weitere Konjugation von WKP3 auf AU1-2 Eintrag auf AB3-1
Basislernen 2	pantomimische Darstellung der Verben WKW3 Bild: Königskammer (→ siehe Zusatzmaterial); erste Reihe WKW3 auslegen TB1: König mit Krone exemplarisches Konjugieren einer Wortkarte WKW3 auf AU1-2
Differenzierungsphase Tandem/Erarbeitung	ausgewählte starke, trennbare Verben (WKW3) auf AU1-2 konjugieren Regelmäßigkeiten suchen
Auswertung/Abschluss Ergebnissicherung/ Feedback	Erkennen: Präverb wird im Präsens/Präteritum nach rechts geschoben Bildung des Partizips II durch Voranstellen des Präverbs Eintrag auf AB3-2 Feedback zum Lernzuwachs Differenzierung: weitere Konjugation von WKW3 auf AU1-2

Erzähltext zu Sequenz 3

Basislernen 1

[Pantomimische Darstellung der Wortkarten WKP3; Bild linke Königskammer auflegen; je die erste Reihe Wortkarten WKP3 liegt aus (*verbinden – besingen – erfinden*); auflegen von TB1: König finit + Anhänger um den Hals] „König Verb ist auch da! Irgendetwas ist heute anders an ihm. Was?" [Wortbeiträge der Lerner; Auflegen der ersten Reihe WKP2 (*binden – singen – finden*) als stiller Impuls; Wortbeiträge der Lerner abwarten] „Wofür könnte der Anhänger stehen?" [Verweis auf WKP3; Wortbeiträge der Lerner] „*Ver-, be-, er-* sind Beispiele für Verbanhänger. Solche Anhänger werden in der Sprache des Königreichs **Präfix** genannt." [Begriffskarte 3 *Präfix* auflegen; auf Anhänger *ver* schreiben, auf Bauch von TB1: König finit das Wort *binden* schreiben] „Weshalb könnte dieser Anhänger *Präfix* heißen?" [Spekulationen der Lerner] „Ihr wisst ja, König Verb bringt immer Wortkarten mit, die irgendeine Gemeinsamkeit haben. Wir wollen untersuchen, um welche Gemeinsamkeit es sich diesmal handelt." [Austeilen AU1-1 + WKP3 + Anhänger] „Konjugiert im Lern-Tandem mindestens drei der Verben WKP3 auf AU1-1." [Austausch im Plenum: **Präfix bleibt fest vor dem Verbstamm; Stammvokaländerung wie WKP2; Bildung von Partizip II durch Ersetzen des ersten Teils des Zirkumfix durch das Präfix; starke Verben**] „Was passiert mit dem Präfix bei der Konjugation?" [Der Anhänger bleibt fest/fix am Verbstamm des Königs; AU1-2 auflegen; exemplarisch *verbinden* konjugieren; KR1: Anhänger in Tabelle platzieren lassen] „Hat jemand bemerkt, was mit dem Präfix bei der Bildung des Partizips II passiert?" [Das Präfix rutscht König Verb beim **Partizip II** auf den vorderen Teil des Zirkumfix; Anhänger lösen und am vorderen Teil des Schwimmrings auf AU1-2 befestigen] „Weiß schon jemand, wie solche Verben genannt werden?" [**nicht trennbare Verben**] „Sie bleiben fix/fest am Stamm." [Konjugation weiterer nicht trennbarer Verben (WKP3) auf AU1-2; Eintrag auf AB3-1]

Basislernen 2

[Pantomimische Darstellung der WKW3; Bild linke Königskammer und erste Reihe Wortkarten WKW3 liegen aus (*vordringen – umschlingen – austrinken*); König Verb mit Krone erscheint.] „König Verb ist mal wieder bei der Arbeit. Aber irgendwie sieht er heute schon wieder anders aus." [Wortbeiträge der Lerner bezüglich Krone] „Welche Bedeutung könnte die Krone haben?" [Auflegen von WKW2 (*dringen – schlingen – trinken*); Verweis auf WKW3; Wortbeiträge der Lerner; Erläuterungen zu den jeweiligen Präverben; exemplarischer Eintrag auf Krone: *vor*, auf Bauch von König *dringen* schreiben] „Mal sehen, ob diese Verben noch weitere Gemeinsamkeiten haben. Weiß schon jemand mehr?" [Wortbeiträge der Lerner] „Dann wollen wir mal gemeinsam das Verb *vordringen* konjugieren." [gemeinsames exemplarisches Konjugieren von *vordringen*] „Huch? Was passiert hier mit der Krone *vor*?" [Das Präverb wird beim Konjugieren **getrennt** und rechts abgelegt; die Krone vom Kopf des Königs lösen und rechts ablegen] „Jetzt seid ihr wieder gefragt. Welche Gemeinsamkeiten haben diese Verben auf den Wortkarten noch? Konjugiert mindestens drei WKW3 zur Wahl auf AU1-2 im Lern-Tandem/EA und notiert schriftlich, was euch an Gemeinsamkeiten auffällt." [WKW3 + AU1-2 + Krone austeilen; Lerner konjugieren im Lern-Tandem] „Ist euch beim Konjugieren etwas aufgefallen?" [Die Kronen werden immer rechts abgelegt. Sie werden **Präverb** (siehe Tabelle AU1-2) genannt; **starke Verben a – i – u**; Stammvokale farbig markieren (lassen); **Partizip II: Die Krone bleibt vor dem Zirkumfix erhalten.**] „Kronen drücken König Verb im Präsens und Präteritum. Daher legt er sie rechts neben sich. Diese Verben nennen wir **trennbare (Krone-)Verben.** Warum wohl?" [Wortbeiträge der Lerner; Eintrag auf AB3-2; Konjugation weiterer trennbarer Verben WKW3 auf AU1-2 in EA/Lern-Tandem]

Starke nicht trennbare und trennbare Verben i – a – u – Wörterliste

verbinden	besingen	erfinden
verklingen	erringen	erzwingen
misslingen	verschwinden	zerspringen

vordringen	umschlingen	austrinken
auswringen	hinabsinken	herauswinden
ausschwingen	abfinden	aufspringen

AB3-1: Konjugation starker nicht trennbarer Verben i – a – u

Name: .... Datum: ....

Es gibt schwache, starke oder gemischte Verben, die zusätzlich einen Anhänger haben, der bei der Konjugation **fest** (fix) mit dem .... verbunden bleibt. Solch ein „Anhänger" wird .... genannt. Diese Präfixe können z. B. ...., ..., ..., ..., heißen. Verben mit Präfix nennt man .... (Anhänger-)Verben. Ein Beispiel für ein starkes nicht trennbares Verb mit Veränderung des Stammvokals .... im Präsens zu .... im Präteritum ist: *verbinden*.

Aufgabe: Konjugiere das Verb *verbinden*. Schreibe in die Tabelle:

Präsens:

Person	Präfix	Stamm	Suffix
ich	ver	bind	e
du			
er/sie/es			
wir			
ihr			
sie			

Präteritum:

Person	Präfix	Stamm	Suffix
ich	ver	band	
du			
er/sie/es			
wir			
ihr			
sie			

Die Bildung des Präsensperfekt bei nicht trennbaren Verben

Bei der Bildung des Partizips II fällt auf, dass der vordere Teil des Schwimmrings .... durch das .... ersetzt wird. Das Präfix rutscht an die erste Position des Zirkumfix:

Partizip II:

Bei der Bildung von .... übernimmt immer das .... (die Uhr) das Konjugieren. Das Hilfsverb passt sich dann in Person und Numerus an:
Beispiel: verbinden

Partizip II von

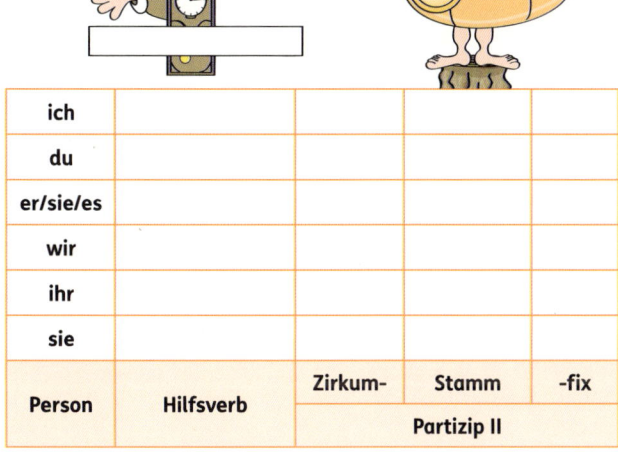

Person	Hilfsverb	Zirkum-	Stamm	-fix
ich				
du				
er/sie/es				
wir				
ihr				
sie				
		Partizip II		

AB3-2: Konjugation starker trennbarer Verben i – a – u

Name: .... Datum: ....

Manche schwache, starke und gemischte Verben haben zusätzlich eine Krone. Eine solche Krone wird .... genannt. Diese .... können z. B. ...., ..., ..., ... oder .... heißen. Präverben werden bei der Konjugation nach .... gestellt. Diese Verben nennt man .... (Krone-)Verben. Ein Beispiel für ein starkes trennbares Verb mit Veränderung des Stammvokals **i – a – u** aus den WKW3 ist .... Konjugiere das Verb deiner Wahl.

Präsens:

ich			
du			
er/sie/es			
wir			
ihr			
sie			
Person	Stamm	Endung	Präverb

Präteritum:

ich			
du			
er/sie/es			
wir			
ihr			
sie			
Person	Stamm	Endung	Präverb

Die Bildung des Präsensperfekt bei trennbaren Krone-Verben

Bei der Bildung des Partizips II fällt auf, dass die Krone, das ...., vor dem .... erhalten bleibt:

Partizip II:

Bei der Bildung des .... übernimmt immer das .... (die Uhr) das Konjugieren. Das Hilfsverb ist dann das .... Verb und passt sich in Numerus und Person an. König Verb wird zum .... und ist infinit.

		Präverb	Zirkum-	Stamm	-fix
ich					
du					
er/sie/es					
wir					
ihr					
sie					
Person	Hilfsverb		Partizip II		

Sequenz 4: Wiederholung der Grundbegriffe: Verberstsatz/Verbzweitsatz/Lexikal-, Tempusklammer

Ablaufplan zu Sequenz 4

Thema	Wiederholung: Verberstsatz/Verbzweitsatz, Lexikal-, Tempusklammer
Fachliche Ziele	Begriffe festigen: Königreich Satz, Feldermodell; Vorfeld, linke/rechte Klammer, Mittelfeld, Satzzeichen; starkes trennbares Verb (starkes Krone-Verb), starkes nicht trennbares Verb (starkes Anhänger-Verb), Verberstsatzformen, Verbzweitsatz; Lexikal-, Tempusklammer
Material für die Lernbegleitung	Dokumentenkamera/Beamer abwischbarer Folienstift / feuchtes Tuch Begriffskarten 4 (siehe S. 65) + Begriffskarten 2.2 (siehe S. 64) zerschnittene Satzstreifen (→ Zusatzmaterial) Das Königreich „Satz" der Familie Verb KR1 (siehe S. 71) Kleinfiguren F1A, F1E, F1Uhr, F1Badewanne, Krone (siehe S. 64) Wortkarten WKP3/WKW3 (siehe S. 30) Arbeitsblatt AB4-1 (siehe S. 35), Arbeitsblatt AB4-2 (siehe S. 36) Musik: Fanfare: https://freesound.org/people/benjaminharveydesign/sounds/350428/ (CC0 1.0 Universal [CC0 1.0] Public Domain Dedication)
Material für die Lerner	abwischbarer Folienstift / feuchtes Tuch Das Königreich „Satz" der Familie Verb KR1 (siehe S. 71) Wortkarten WKP3/WKW3 (siehe S. 30) Kleinfiguren F1A + Krone (siehe S. 64) Arbeitsblatt AB4-1 (siehe S. 35), Arbeitsblatt AB4-2 (siehe S. 36) optional: Zusatzarbeitsblatt zur Feldertabelle KR1-AB (siehe S. 72)
Ankommen Motivieren / Vorwissen aktivieren	Das Königreich „Satz" der Familie Verb KR1 mit abgeklebten Bezeichnungen + F1A auflegen Erzähltext vortragen Bezeichnungen im Feldermodell klären
Basislernen 1 Input / exemplarisches Vorgehen	zerschnittene Satzstreifen „Witz" (siehe S. 65) Begriffskarten „Verberstsatzarten" auflegen Verberstsätze mit WKP3 auf KR1 bilden Begriffskarten zuordnen Begriff „Verberstsatz" klären
Differenzierungsphase Tandem/Aufgaben	weitere Verberstsätzen mit WKP3 bilden Stellung des Verbs in Verberstsätzen ermitteln Verberstsätze vortragen (weitere Verberstsätze auf KR1-AB bilden)
Ergebnissicherung	Vergleich im Plenum Verberstsätze fordern sofortige Aufmerksamkeit des Hörers! Eintrag auf AB4-1
Basislernen 2	Musik abspielen: Fanfare (siehe oben) Erzähltext vortragen KR1 + F1Uhr finit + F1E + F1Badewanne auflegen exemplarisches Bilden von Verbzweitsätzen mit starken, nicht trennbaren Verben im Präsensperfekt mit WKP3 KR1 + F1A + Krone + F1Uhr auflegen
Differenzierungsphase Tandem/Erarbeitung	Verbzweitsätzen im Präsensperfekt bilden; Verbklammer erkennen Was passiert mit trennbaren Verben im Satz (Präsens)? Verbzweitsätze mit starken trennbaren Verben im Präsens und Präteritum (mit WKW3) bilden
Auswertung/Abschluss Ergebnissicherung/ Feedback	Vergleich im Plenum Verbklammern: Tempusklammer + Lexikalklammer Eintrag auf AB4-2 Feedback zum Lernzuwachs

Erzähltext zu Sequenz 4

Basislernen 1

[KR1 auflegen; Feldbezeichnungen sind abgeklebt; F1A steht daneben = stiller Impuls; Vermutungen der Lerner] „Das ist das Königreich von König Verb: das Königreich **Satz**. Was denkst du, wo König Verb hier im Königreich Satz wohnt?" [in den Burgen; F1A in linke Burg setzen] „Diese beiden Burgen haben Kammern, in denen König Verb mit seiner Familie wohnt. Darum nennt man sie auch **linke und rechte K(l)ammer**." [Bezeichnungen aufdecken; weitere Bezeichnungen im **Feldermodell** klären (lassen), Abklebungen entfernen] „Hat jemand eine Idee, wozu man solch eine Tabelle, das sogenannte **Feldermodell**, im Königreich Satz brauchen könnte?" [Vermutungen der Lerner] „Wir schauen mal, was man mit dem Feldermodell machen kann." [zerschnittenen Satzstreifen *Witz* durcheinander auflegen; Lerner ordnen zerschnittene Satzstreifen in Tabelle ein; Hinweis auf **Satzzeichen**] „In welchem Zusammenhang kommen solche Sätze vor?" [**Witz**; Begriffskarte *Witz* auflegen; dann restliche Begriffskarten 4 auflegen; eine WKP3 ziehen, auflegen = stiller Impuls; Lerner bilden mündlich weitere zwei Verberstsätze mit z.B. *frühstücken*; KR1 + WKP3 austeilen; Lerner bilden im Lern-Tandem mit WKP3 schriftlich zu den übrigen Begriffskarten je mindestens einen Verberstsatz auf KR1; Vergleich im Plenum; pro „Verberstsatzart" einen Satz in KR1 unter Dokumentenkamera schreiben und Begriffskarten 4 zuordnen lassen] „Fällt euch hier etwas auf?" [König Verb steht immer noch in der linken Klammer.] „König Verb und seine Familie sind Stubenhocker. Was sind **Stubenhocker**?" [Sie **verlassen die Klammern im Königreich Satz nie**.] „Fällt euch noch eine Gemeinsamkeit bei diesen Sätzen auf?" [Es steht nichts im Vorfeld.] „Weiß jemand, wie man Sätze nennt, bei denen vor dem finiten Verb in der linken Klammer **nichts** steht?" [**Verberstsätze = Das finite Verb steht an erster Stelle des Satzes.**] „Hat jemand eine Idee, was ein Verberstsatz beim Zuhörer bewirkt?" [im Lern-Tandem die Sätze auf KR1 abwechselnd betont vorlesen lassen: Flüsterrunde] „Machen solche Verberstsätze etwas mit dir?" [Sie klingen wie Aufforderungen/Befehle.] „**Verberstsätze fordern sofortige Aufmerksamkeit vom Hörer.**" [Eintrag auf AB4-1; optional weitere Verberstsätze mit WKP3 auf KR1-AB bilden lassen]

Basislernen 2

[KR1 + zerschnittene Satzstreifen durcheinander auflegen; stiller Impuls; Lerner legen die Streifen in KR1 und erläutern, warum. F1E + F1Badewanne + F1Uhr auflegen in KR1 zuordnen lassen] „Was ist denn das?" [Wortbeiträge der Lerner] „Das ist kein Verberstsatz! Weiß jemand, wie man solch einen Satz nennt? Was vermutest du?" [**Vorfeld** belegt, **finites Verb an zweiter Stelle** = **Verbzweitsatz**] „Um welche **Zeitform** handelt es sich hier?" [**Präsensperfekt**; Begriffskarte 2.2 + WKP3 auflegen; eine WKP3 ziehen (lassen); Lerner bilden mündlich mit dieser WKP3 einen Verbzweitsatz im Präsensperfekt.] „Aufgabe: Schreibt im Lern-Tandem auf KR1 mit WKP3 mindestens drei Verbzweitsätze im Präsensperfekt." [KR1 + WKP3 austeilen; Vergleich im Plenum; einen Verbzweitsatz in KR1 hineinschreiben; Position von F1E + F1Badewanne + F1Uhr nochmals analysieren] „Wo befinden sich diese beiden hier?" [linke Klammer: das **finite Hilfsverb** / rechte Klammer: das **Partizip II**] „Weiß schon jemand, wie das bezeichnet wird, wenn das finite …?" [**Verbklammer/Tempusklammer**; Verbindungsbogen einzeichnen; Eintrag auf AB4-2 / erster Teil; optional weitere Übungen zur Tempusklammer auf KR1-AB mit WKP3; eine WKW3 ziehen und vorlesen lassen; auflegen] „Um welche Verbform handelt es sich hier?" [**starkes trennbares Verb**; F1A + Krone + KR1 + F1 Uhr auflegen] „Mal sehen, was mit trennbaren (Krone-)Verben im Königreich Satz passiert. Bildet im Lern-Tandem mit WKW3 mindestens zwei **Verbzweitsätze** im **Präsens** und schreibt auf, was euch auffällt." [Austeilen von KR1; F1A + Krone; Austausch im Plenum: Das **Präverb** steht in der rechten Klammer.] „Die Kronen drücken König Verb, sodass er sie immer in die **rechte Klammer** legt oder auch wirft." [einen Satz eines Lerners schriftlich in KR1 übernehmen; Sätze im **Präteritum** bilden lassen und einen davon eintragen; Figuren F1A + Krone auf KR1 noch mal zuordnen lassen; Position der Figuren analysieren] „Erinnert sich jemand, wie man das nennt, wenn beide Klammern im Königreich Satz besetzt sind?" [**Verbklammer**; bei trennbaren Verben spricht man von der **Lexikalklammer** oder auch **Präverbklammer**; Verbindungsbogen einzeichnen, eventuell Erläuterung zum unterirdischen Gang (siehe Einführung); Eintrag auf AB4-2]

AB4-1: Das Feldermodell im Königreich Satz
Name: .... Datum: ....

König Verb und seine Familie leben im Königreich „........................", das wie eine Tabelle aufgebaut ist. Diese Tabelle nennt man auch .... Alle Familienmitglieder der Familie Verb sind „..". Sie verlassen ihre .... **nie**. Die Verben befinden sich somit entweder in der .... K(l)ammer oder auch in .... K(l)ammern.

Aufgabe: Schreibe die Bezeichnungen des Feldermodells in die farbig hinterlegten Felder.

Ein Satz endet immer mit einem Satzzeichen. Dieses kann ein ...., ein .... oder ein .... sein.

Verberstsätze

Verberstsätze: Das starke nicht trennbare Verb im Verberstsatz

Steht im **Vorfeld** des Königreichs **nichts** und ist dadurch das Verb in der **linken Klammer** das **erste** Wort im Satz, so handelt es sich um einen .... Das finite Verb steht beim .... an erster Stelle des Satzes.

Aufgabe: Ergänze die Tabelle mit eigenen Beispielen für Verberstsätze mit starken nicht trennbaren Verben:

	Vorfeld	linke K(l)ammer	Mittelfeld	rechte K(l)ammer	SZ
Entscheidungsfrage					
Aufforderung					
Wunsch					
Ausruf					
Witz					

Aufgabe: Richte die oben stehenden Verberstsätze an deine Partnerin / deinen Partner. Wie wirken deine Sätze auf sie/ihn? Formuliere den Satz zu Ende:

Verberstsätze ....

Arbeitsblätter zu Sequenz 4

AB4-2: Verbzweitsätze und Verbklammern	Blatt 1
Name:	Datum: ....

Der Verbzweitsatz

Wenn sich **im Vorfeld**, vor der linken Klammer, **ein oder mehrere Wörter** befinden, spricht man von einem .... Das finite Verb steht hier an .... Stelle hinter dem Vorfeld. Der .... kommt im Deutschen am häufigsten vor.

Vorfeld	linke K(l)ammer	Mittelfeld	rechte K(l)ammer	SZ

⇧   ⇧

Die Tempusklammer: Verbzweitsätze im Präsensperfekt

Wenn im Königreich Satz das .... gebildet werden soll, wird König Verb zum Partizip II und verschwindet in die .... K(l)ammer. Das .... (die Uhr) übernimmt dann das .... und ist das .... Verb.

Vorfeld	linke K(l)ammer	Mittelfeld	rechte K(l)ammer	SZ

Diese Verbklammer aus finitem Hilfsverb und Partizip II
nennt man ....

AB4-2: Verbzweitsätze und Verbklammern	Blatt 2
Name: .... Datum:	

Die Lexikalklammer/Präverbklammer

Verbzweitsätze mit starken trennbaren Verben

Diese Verbklammer aus .... und .... nennt man .... Bei trennbaren Verben im Präsens und Präteritum wirft König Verb seine Krone .... immer in die .... Klammer.

Vorfeld	linke K(l)ammer	Mittelfeld	rechte K(l)ammer	SZ

Diese **Verbklammer** aus .... und .... (Krone) nennt man .... oder ....

Aufgabe: Erfindet zu zweit eine kurze Geschichte im Präteritum, in der mindestens sechs WKW3 vorkommen, und schreibt sie in die Tabelle des Königreichs. Findet zum Schluss noch eine Überschrift. Tragt eure Geschichte betont vor.

Vorfeld	linke K(l)ammer	Mittelfeld	rechte K(l)ammer	SZ

Arbeitsblätter zu Sequenz 4

Lernspiel

Spielanleitung

Zwei oder vier Teams spielen gegeneinander. Die Wortkarten WK4 liegen verdeckt auf dem Tisch. Vier Würfel sind im Einsatz: ein Personalform-Würfel, ein Zeitform-Würfel, ein Würfel nicht trennbare/trennbare Verben, ein Würfel Satzart. Des Weiteren benötigt ihr pro Team einen abwischbaren Folienstift und ein KR1 sowie eine Stoppuhr (60 Sekunden).

Variante 1:
Der kleinste Spieler / die kleinste Spielerin beginnt (z.B. Team 1). Gespielt wird mit allen vier Würfeln. Spieler 1 / Team 1 würfelt mit allen Würfeln und deckt im Anschluss daran eine Wortkarte WK4 auf. Beispiel: Wortkarte: umfahren + Personalform: ich + Zeitform: Präsens + Verbform: trennbares Verb + Satzart: Verbzweitsatz. Team 1 muss nun zu den gewürfelten Vorgaben in Teamarbeit einen Satz in ihr jeweiliges KR1 schreiben. Beispiellösung: „Ich fahre einen Baum um." Für das Absprechen und das Aufschreiben des Satzes habt ihr maximal 60 Sekunden. Das gegnerische Team kontrolliert. Bei richtiger Antwort: Team 1 darf die Wortkarte behalten. Dann wird gewechselt. Bei falscher Antwort wird die Wortkarte zurück unter den Wortkartenstapel gelegt. Das Team mit den meisten Wortkarten gewinnt. Jedes Mitglied des Gewinnerteams bekommt eine Lobkarte.

Variante 2:
Ihr braucht WK4 und Würfel 4. Zwei Teams spielen gegeneinander. Abwechselnd werden die gezogenen WK4 pantomimisch dargestellt und müssen vom eigenen Team erraten werden. Jedes Team hat 60 Sekunden Zeit. Das Team mit den meisten richtig erratenen Wortkarten gewinnt.

Variante 3:
Beide Teams spielen gleichzeitig ohne den vierten Würfel und schreiben jeweils einen Satz mit trennbarem und einen mit nicht trennbarem Verb auf KR1. Das schnellste Team mit richtiger Lösung behält die Wortkarte.

Variante 4:
Dasselbe Spiel kann auch ohne den dritten Würfel gespielt werden.

Variante 5:
Dasselbe Spiel lässt sich mit allen Wortkarten aus diesem Heft spielen. Dann jedoch ohne den vierten Würfel.

Variante 6:
Habt ihr eigene Ideen? Probiert sie aus.

Würfelvorlagen

1. Würfel

- ich
- ihr
- er/sie/es
- du
- wir
- sie

2. Würfel

- Präteritum
- Präsensperfekt
- Präsensperfekt
- Präteritum
- Präteritum
- Präsensperfekt

3. Würfel

- Verb-zweitsatz
- Verb-zweitsatz
- Verb-erstsatz
- Verb-erstsatz
- Verb-zweitsatz
- Verb-erstsatz

4. Würfel

- nicht trennbares Verb
- trennbares Verb
- nicht trennbares Verb
- nicht trennbares Verb
- trennbares Verb
- trennbares Verb

Wortkarten zum Lernspiel: WK4

umwickeln WK4	umwehen WK4	unterstellen WK4
überholen WK4	umsegeln WK4	durchkämmen WK4
durchschauen WK4	durchstöbern WK4	unterschlagen WK4

untergraben WK4	umschlingen WK4	umspringen WK4
umgehen WK4	umfahren WK4	übersetzen WK4
unterhalten WK4	umreißen WK4	unterstehen WK4

Ablaufplan zu Sequenz 5

Sequenz 5:
Satzglieder: Das Subjekt

Ablaufplan zu Sequenz 5

Thema	Das Subjekt im Satz mithilfe von Strategien erkennen und im Satz anwenden
Fachliche Ziele	Begriffe wiederholen/festigen: Satzglied; Subjekt, Wer-oder-was-Frage, Weglassprobe, Umstellprobe, flektiert / nicht flektiert, Artikelwort, maskulin, feminin, Neutrum, Plural Wissen aneignen: Das Subjekt stellt die Person dar, an der sich das Verb in seiner Flexion orientiert. Durch die Weglass- und Umstellprobe Satzglieder im Vorfeld des Feldermodells als solche erkennen. Im Vorfeld steht immer nur ein Satzglied. mit der Wer-oder-was-Frage das Subjekt im Vorfeld benennen Erkennen: Die Artikelwörter des Subjekts flektieren nicht.
Material für die Lernbegleitung	Dokumentenkamera/Beamer abwischbarer Folienstift / feuchtes Tuch Bild: Königskammer (→ siehe Zusatzmaterial) + Tafelbilder TB1: König finit + TB3: Ufo + TB1: Tabelle + 2 Kuchen (siehe S. 63) Star-Wars-Filmmusik Material zu Sequenz 5: Einkaufszettel (siehe S. 65) Text für Figurenspiel (siehe S. 42) Sprechblasen: Ich bringe Kuchen! / Du bringst Kuchen? / Wer oder was? (siehe S. 65) zerschnittene Satzstreifen „Märchen" (siehe S. 66) Das Königreich „Satz" der Familie Verb KR1 (siehe S. 71) Arbeitsblatt AB5-1 (siehe S. 43), Arbeitsblatt AB5-2 (siehe S. 44)
Material für die Lerner	abwischbarer Folienstift / feuchtes Tuch Text für Figurenspiel (siehe S. 42) Das Königreich „Satz" der Familie Verb KR1 (siehe S. 71) Arbeitsblatt AB5-1 (siehe S. 43), Arbeitsblatt AB5-2 (siehe S. 44) Zusatzarbeitsblatt zur Feldertabelle KR1-AB (siehe S. 72)
Ankommen Inhalte/Ziele, Vorwissen aktivieren	Bild: Königskammer, Star-Wars-Filmmusik einspielen, TB3: Ufo einfliegen lassen Figurenspiel/Rollenlesen TB1: König finit, Einkaufszettel, 2 Kuchen
Basislernen 1 Input/Verarbeitung/ exemplarische Anwendung	Erzähltext vortragen TB1: Verbindung zwischen Person und Subjekt im Satz erkennen exemplarische Umstellprobe ins Vorfeld üblicher Satzbau im Deutschen: Subjekt – finites Verb – Objekt
Differenzierungsphase Tandem/Aufgaben	zu den Personen auf KR1 Sätze schreiben
Ergebnissicherung	Das Verb passt sich der Person an. Arbeitsaufträge auf AB5-1 gemeinsam Schritt für Schritt erarbeiten
Basislernen 2	Erzähltext vortragen exemplarisch die Umstellprobe (mit Wer-oder-was-Frage) zur Ermittlung des Subjekts am Beispiel von Märchen durchführen
Differenzierungsphase	AB 5-2: durch die Umstellprobe das Subjekt ermitteln (Märchen)
Auswertung/Abschluss Ergebnissicherung/ Feedback	Eintrag auf AB5-2 Unterlagen in das Portfolio einordnen Feedback zum Lernzuwachs Weiterarbeit Aufgabe 5-2 auf KR1-AB

Erzähltext zu Sequenz 5

Basislernen 1

[Bild: linke Verbkammer; Star-Wars-Filmmusik abspielen; Ufo fliegt ein.] König Morx: „**Wer**, außer mir, mag Kuchen?" [Auflegen des Einkaufszettels; vorlesen lassen] „**Wer mag was?** Da fehlt doch was!" [**Artikelwörter** fehlen; Artikelwörter eintragen lassen] „Was fällt euch an den Artikelwörtern auf?" [Nichts, es sind die zum jeweiligen Nomen gehörenden Artikelwörter; keine Flexion; der **Nominativ**] „Der, die, das, die. Wie nennt man diese Artikelwörter in der Sprache des Königreichs? Weiß das jemand?" [Begriffskarten **Geschlecht** zuordnen lassen; Begriffe dauerhaft (auf Plakat) visualisieren] König Morx: „Dann werde ich jetzt Kuchen besorgen." [Ufo fliegt weg; Bild auflegen: Königskammer; das folgende Figurenspiel von Lernern vortragen lassen / szenisches Lesen]
Sprecher: Wir befinden uns in der linken Kammer des Königreichs Satz. Hin und wieder bekommt König Verb Besuch vom Planeten Orx. König Morx ist ein guter Freund von König Verb und der König des Planeten Orx. König Morx kommt immer mal wieder vorbei, um Neuigkeiten aus dem Königreich Satz zu erfahren. Leider ist König Morx ziemlich schwerhörig. Das hat sicherlich auch damit zu tun, dass er nie aus seinem Ufo aussteigt und immer bei laufenden Motoren und auf halber Höhe Gespräche führt. Außerdem ist er ziemlich neugierig. Daher stellt er oft extrem laut Fragen. König Morx findet alles spannend, was im Königreich passiert, und will auch deshalb immer alles wissen. [TB1: König finit + Kuchen auflegen]
Sprecher: Beide Könige lieben Kuchen. Weil sie fast ein bisschen zu höflich im Umgang miteinander sind, bringen meist beide Kuchen zu ihren Treffen mit. [Star-Wars-Filmmusik abspielen; Ufo + Kuchen einfliegen lassen]
König Verb: „König Morx! Ich bringe heute den Kuchen!"
König Morx: „**Wer** bringt heute Kuchen? **Ich** bringe heute Kuchen!"
König Verb: „**Du** bringst Kuchen? **Wer** bringt Kuchen? **Ich** bringe Kuchen."
[Auflegen der Sprechblasen „**Wer oder was**?"; „**Ich** bringe Kuchen!"; „**Du** bringst Kuchen?"]
Sprecher: Oh, nein! Jetzt fangen die beiden fast zu streiten an, wer den Kuchen bringt. **Wer** bringt nun Kuchen?
Beide Könige: „König Morx bringt Kuchen. König Verb bringt Kuchen. **Wir beide** bringen Kuchen!"
[Ende des Figurenspiels]
„Beide **Personen** bringen Kuchen. Kommt euch der Begriff ‚Person' auch bekannt vor?" [Wortbeiträge der Lerner; Tabelle TB1 auflegen; gemeinsames Suchen nach den Personen; gemeinsames Konjugieren von ‚bringen' im Präsens; Auflegen von KR1; Eintrag eines Satzes nach Wahl mit dem Verb *bringen* auf KR1] „Weiß jemand, wie **die Person** [Subjekt in KR1 einkreisen] im Königreich **Satz** genannt wird?" [**Subjekt**; Begriff visualisieren; Austeilen KR1; Lerner formulieren zu jeder Person einen Satz auf KR1; Vergleich im Plenum; Eingehen auf er/sie/es – stehen auch für *der Mann, die Frau, das Kind*] „Wenn König Verb im Königreich arbeitet, ist er fast nie allein. Meist ist auch ein Subjekt im Satz. Das Subjekt gehört zu den **Mitgliedern des Königreichs Satz**. Es ist ein **Satzglied**. Es ist das wichtigste Satzglied für das Verb. Warum?" [Das Verb passt sich der Person / dem Subjekt an; gemeinsames Erarbeiten von AB5-1]

Basislernen 2

[KR1 + drei zerschnittene Märchen-Satzstreifen durcheinander auflegen; Star-Wars-Filmmusik abspielen; Ufo fliegt ein.] König Morx: „Wie sieht es denn hier aus? Alles durcheinander!" „Aber wirklich! Wer von euch hat einen Vorschlag, wie wir wieder Ordnung in die Sätze bringen könnten?" [Verben in die linke Klammer setzen, inhaltlich passendes suchen, Subjekte ins Vorfeld ..., gemeinsames **Umstellen**/ersten Satz auf KR1 – Subjekt im Vorfeld – legen lassen] König Morx (laut): „**Wer oder was** lebte am Waldrand? Ich habe nichts verstanden." [Auflegen der Sprechblase: „Wer oder was?"; Wortbeiträge der Lerner: *Die armen Holzfäller* lebten am Waldrand; Vorgehen beim zweiten und dritten Satz wiederholen] „Wie heißt das Satzglied, das man mit der ‚Wer-oder-was-Frage' erfragen kann?" [**Subjekt**; gemeinsamer Eintrag auf AB5-2; anschließend Weiterführung der Übung AB5-2 im Lern-Tandem]

AB5-1: Strategien zur Ermittlung des Subjekts

Name: .... Datum: ....

Im .... und im .... des Königreichs Satz befinden sich oft weitere **Mitglieder** des Königreichs. Diese Wörter oder Wortgruppen nennt man ....

Das .... ist das wichtigste Satzglied für das finite Verb, da das Verb sich immer nach diesem richtet. Darum ist es sehr wichtig zu wissen, wer oder was das Subjekt ist.

Tipp: Das Subjekt steht in deutschen Sätzen sehr oft im Vorfeld.

1. **These: Das Subjekt steht immer direkt vor oder hinter dem finiten Verb.**

   Stimmt das?
   Testet selbst:

   Bringe ich oder bringen wir beide den Kuchen?

Vorfeld	linke K(l)ammer	Mittelfeld	rechte K(l)ammer	Satzzeichen

2. **Strategie zur korrekten Verwendung des Artikelworts beim Subjekt**

   Frage: Was passiert mit dem Artikelwort des Subjekts im Satz?

Geschlecht	Vorfeld	linke K(l)ammer	Mittelfeld	rechte K(l)ammer	SZ
👑	.... hungrige König	mag	leckeren Kuchen		.
👸	.... hungrige Königin	mag	leckeren Kuchen		.
👶	.... hungrige Baby	mag	leckeren Kuchen		.
🖼️	.... hungrigen Verben	mögen	leckeren Kuchen		.

   Antwort: Das Artikelwort des **Subjekts** (der/die/das/die) im Satz wird ....

   > **Vorsicht!** Das Subjekt verändert sein Artikelwort **nicht**. Ein **unverändertes Artikelwort** deutet aber **nicht immer auf das Subjekt hin!** Ausnahme: Bei *Maskulinum* (<u>der</u> König) handelt es sich **immer** um das Subjekt.

3. **Strategie zur Ermittlung des Subjekts: Die Umstell- und Weglassprobe**

   Im Vorfeld des Feldermodells des Königreichs Satz kann **immer** nur **ein** .... stehen. Durch das Umstellen und Weglassen einzelner Satzglieder kannst du ein Satzglied erkennen.
   Hinweis: Das Subjekt passt immer zum finiten Verb.

Aufgabe im Team: Schreibt den unten stehenden Satz auf einen Papierstreifen. Schneidet ihn in Einzelteile. Haltet euch dabei an die Spalten der Tabelle (KR1). Stellt jedes Mitglied des Satzes ins Vorfeld von KR1. Lasst alle weiteren Satzglieder weg. Wenn das Satzglied im Vorfeld mit dem finiten Verb zusammenpasst, habt ihr mit sehr hoher Wahrscheinlichkeit das Subjekt im Satz gefunden. Kreist das Subjekt im Anschluss auf diesem Blatt rot ein. Begründet eure Entscheidung im Plenum.

Aufgabe im Team: M. sagt: „Das finite Verb richtet sich nach dem Subjekt." Stimmt das? Diskutiere diese Aussage mit deinem Partner / deiner Partnerin. Begründe deine Meinung.

DIE SAHNETÖRTCHEN	MAG	DIE KÖNIGIN	BESONDERS GERN	.

Arbeitsblätter zu Sequenz 5

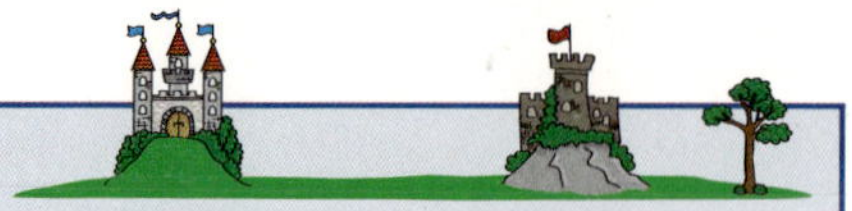

AB5-2: Strategien zur Ermittlung des Subjekts

Name: .... Datum: ....

4. Strategie zur Ermittlung des Subjekts: Die Wer-oder-was-Frage

Oft ist die ....-Frage sehr wichtig, z. B.: Wer war es?
Oder: Wer mag was?

Aufgabe: Stelle im Zusammenhang mit dem finiten Verb die Wer-oder-was-Frage und schreibe den ganzen Antwortsatz in die Tabelle:

Wer oder was mag leckeren Kuchen?

Vorfeld	linke K(l)ammer	Mittelfeld	rechte K(l)ammer	SZ

5. Anwendung der Strategien zur Ermittlung des Subjekts im Satz: Märchen

Aufgabe: Stelle die folgenden Sätze so um, dass das **Subjekt im Vorfeld** steht. Trage den Satz dann in die Tabelle des Königreichs ein. Kreise das Subjekt mit Artikelwort (rot) ein.

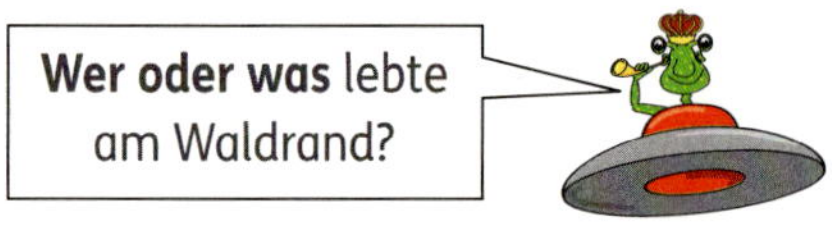

Am Waldrand lebten die armen Holzfäller.

Wer oder was lebte am Waldrand?

Einem armen Paar mit zwei Kindern gehörte das kleinste Haus. Hänsel hieß der brave Sohn. Gretel hieß die liebe Tochter. Eines Tages hatte die Frau genug vom Hungern. Ohne Kinder sei das Leben besser. Da fasste die Mutter einen Beschluss: „Die Kinder bleiben morgen im Wald zurück!" Das hörte Hänsel. Sofort sammelte er Kieselsteine. Auf dem Weg in den Wald ließ er die Kieselsteine fallen. Durch die Kieselsteine fanden Hänsel und Gretel den Weg nach Hause.

Schreibe das Märchen mit dem Subjekt im Vorfeld eines jeden Satzes auf KR1-AB zu Ende.

Vorfeld	linke K(l)ammer	Mittelfeld	rechte K(l)ammer	SZ
(Die armen Holzfäller)	lebten	am Waldrand		.

Sequenz 6: Satzglieder: Das Akkusativobjekt

Ablaufplan zu Sequenz 6

Thema	Strategien zur Verwendung und Bildung des Akkusativs erkennen und anwenden
Fachliche Ziele	Begriffe lernen: Verben, die den Akkusativ erzwingen Nullartikel Begriffe wiederholen/festigen: Akkusativobjekt, Nominalgruppe; Satzglied, Weglass-, Umstellprobe, maskulin/feminin/Neutrum/Plural; bestimmtes/unbestimmtes Artikelwort Wissen festigen: durch die Umstellprobe Satzglieder im Vorfeld des Feldermodells als solche erkennen; Wirkung der Position mit der Wen-oder-Was-Frage das Satzglied „Akkusativobjekt" im Vorfeld erkennen Erkennen: Wie verändern sich die Artikelwörter im Akkusativ?
Material für die Lernbegleitung	Dokumentenkamera abwischbarer Folienstift / feuchtes Tuch Tafelbilder TB3: Baby + Königin + Verben; TB1: König Verb finit; 4 Kuchen, TB3: Ufo (siehe S. 63) Material zu Sequenz 5: Einkaufszettel (siehe S. 65) Star-Wars-Filmmusik Material zu Sequenz 6: Sprechblasen „Was magst du?" „Wen oder was?" (siehe S. 66) zerschnittene Satzstreifen „Märchen" (siehe S. 66) Wortkarten WKP6 (siehe S. 47) Arbeitsblatt AB6-1 (siehe S. 48), Arbeitsblatt AB6-2 (siehe S. 49) Das Königreich „Satz" der Familie Verb KR1 (siehe S. 71); Zusatzarbeitsblatt zur Feldertabelle KR1-AB (siehe S. 72)
Material für die Lerner	abwischbarer Folienstift / feuchtes Tuch Das Königreich „Satz" der Familie Verb KR1 (siehe S. 71) Arbeitsblatt AB6-1 (siehe S. 48), Arbeitsblatt AB6-2 (siehe S. 49) Wortkarten WKP6 (siehe S. 47) Zusatzarbeitsblatt zur Feldertabelle KR1-AB (siehe S. 72)
Ankommen Inhalte/Ziele, Vorwissen aktivieren	pantomimische Darstellung der Verben WK6 TB3: Baby + Königin + Verben + TB1: König finit + Ufo + 4 Kuchen Einkaufszettel Erzähltext vortragen
Basislernen 1 Input/Verarbeitung/ exemplarische Anwendung	Analyse des bestimmten und unbestimmten Artikelworts beim Akkusativobjekt: Flexion Wirkung der Stellung des Akkusativobjekts im Vorfeld erkennen
Differenzierungsphase Tandem/Aufgaben	Unbestimmtes/bestimmtes Artikelwort im Akkusativ anwenden Umstellprobe nach Wen-oder-was-Frage durchführen Sätze mit Akkusativobjekt im Vorfeld mit WK6 auf KR1 schreiben Wirkung der Position im Vorfeld erkennen Weitere Verben suchen, die den Akkusativ erzwingen und anwenden
Ergebnissicherung 1	Austausch im Plenum; gemeinsame Erarbeitung und Eintrag auf AB6-1
Basislernen 2	zerschnittene Satzstreifen „Märchen"; Musik: Fanfare: https://freesound.org/people/benjaminharveydesign/sounds/350428/ (CC0 1.0 Universal [CC0 1.0] Public Domain Dedication) abspielen; TB3: Ufo exemplarisch Umstellprobe anhand vorgegebener Sätze (Märchen) durchführen
Differenzierungsphase Tandem/Aufgaben	AB6-2: Übung zum Akkusativobjekt: im Lern-Tandem Märchen auf KR1-AB so umstellen, dass das Akkusativobjekt im Vorfeld steht
Ergebnissicherung 3	Umstellung des Märchens im Plenum vergleichen gemeinsamer Eintrag auf AB6-2
Auswertung/Abschluss Ergebnissicherung/ Feedback	Unterlagen in das Portfolio einordnen Feedback zum Lernzuwachs

Erzähltext zu Sequenz 6

Basislernen 1

[Bilder Kuchen + TB3: Baby + TB3: Königin + TB3: die Verben + TB1: König finit + Einkaufszettel auflegen] „Es ist Nachmittag. Das ist die Tee-und-Kuchen-Zeit bei Familie Verb. Alle haben Hunger auf Kuchen und König Verb hat auch schon einen Einkaufszettel geschrieben. Wer mag was?" [Lerner ordnen die Bilder der Kuchen den Figuren zu; Star-Wars-Filmmusik abspielen; Ufo fliegt ein] König Morx: „Lese ich da Kuchen? Ich bringe heute den Kuchen!"

„Die Familie Verb bekommt offensichtlich wieder Besuch von ihrem guten Freund Morx vom Orx. Wie ihr wisst, mögen alle Anwesenden Kuchen. Und weil sie gute Freunde sind, wollen sie sich beim Kuchenkaufen eigentlich immer abwechseln. Es ist meistens schwierig, mit König Morx zu sprechen, da er dauernd in seinem Ufo sitzt, bei laufenden Motoren spricht und außerdem noch schlecht hört. Deshalb schreit er oft, obwohl das gar nicht notwendig wäre." König Morx: „**Was** magst du, König Verb?" [Sprechblase „Was magst du?" auflegen] König Verb: „Ich mag **einen** hellen *Apfelkuchen* – **den** hellen Apfelkuchen, bitte." [den bestimmten Artikel auf dem Einkaufszettel eintragen] König Morx: „Und was mag die hungrige Königin?" [Lerner: **eine** frische Erdbeertorte mag ... **die** frische Erdbeertorte ...] „Und das hungrige Baby? Was mag das hungrige Baby?" [Lerner antworten; Analyse der Wirkung **unbestimmter/bestimmter Artikel**: Bestimmter Artikel lenkt die Aufmerksamkeit auf einen **bestimmten** Kuchen.] „Und was mögen alle hungrigen Verben?" [Lerner: **die** knackigen Kekswaffeln; Irritation: **Unbestimmter Artikel wird im Plural zu Nullartikel.**] „Und wen oder was magst du?" [Sprechblase „Wen oder was?" auflegen; Flüsterrunde; Austausch im Plenum; sofern das Akkusativobjekt nicht im Vorfeld steht, ruft König Morx: „Wen oder was magst du? Ich habe dich nicht verstanden." Diesen Satz so lange wiederholen, bis das Akkusativobjekt ins Vorfeld gestellt wird, dann einen Satz der Lerner mit Folienstift in KR1 eintragen] „Weiß schon jemand, wie man dieses Objekt nennt, nach dem man mit der ‚Wen-oder-was-Frage' fragt?" [**Akkusativobjekt**; Begriff visualisieren] „Eine Wortgruppe, die man als Ganzes ins Vorfeld stellen kann, nennt man ...?" [**Satzglied**] „Kann man diesen Satz auch so umstellen, dass ein anderes Satzglied im Vorfeld steht?" [Lerner stellen den Satz um; Satz darunterschreiben] „Welche unterschiedlichen Wirkungen haben diese beiden Sätze?" [Flüsterrunde; Austausch im Plenum: **Das inhaltlich Wichtige der Antwort steht nun im Vorfeld und wird dadurch besonders betont**; der Rest des Satzes könnte auch weggelassen werden.] „Schreibt im Lern-Tandem auf KR1 fünf Sätze mit WK6, bei denen das Akkusativobjekt im Vorfeld steht." [WK6 und KR1 austeilen; Austausch im Plenum] „Diese Verben haben alle eine Gemeinsamkeit. Welche?" [Flüsterrunde, dann Austausch im Plenum: Sie erzwingen den Akkusativ.] „Kennst du noch mehr Verben, die den Akkusativ erzwingen?" [Lern-Tandem: Verben sammeln; auf KR1-AB mit gesammelten Verben weitere Sätze bilden lassen; gemeinsames Erarbeiten auf AB6-1]

Basislernen 2

[Auflegen von KR1 + Satzstreifen Märchen (zerschnitten); Fanfare abspielen, König Morx fliegt ein; alle Streifen geraten durcheinander.] „Wie schön! Tee, Kuchen und ein Märchen! Upps! Tut mir leid! Da ist ja mal wieder einiges durcheinandergeraten. Könnt ihr mir beim Sortieren helfen, bevor König Verb kommt?" [Wortbeiträge der Lerner] „**Wen oder was** hatte eine Mutter? Ich versteh nichts!" [Sprechblase auflegen (Wen oder was?); Umstellproben exemplarisch mit Satzstreifen 1–3 durchführen. König Morx ruft immer wieder seine Frage dazwischen; Eintrag auf AB6-2; Konzept auf KR1-AB im Lern-Tandem; gemeinsamer Eintrag auf AB6-2 im Plenum]

"Schlimme" Verben – Wörterliste

auslachen WKP6	bestehlen WKP6	kitzeln WKP6
bedrohen WKP6	zwicken WKP6	erpressen WKP6

abzwicken WKP7	abnehmen WKP7	abschneiden WKP7
rauben WKP7	wegnehmen WKP7	abtrotzen WKP7

sich entledigen WKP8	entbehren WKP8	bedürfen WKP8
gedenken WKP8	verdächtigen WKP8	sich bemächtigen WKP8

AB6-1: Das Akkusativobjekt

Name: .... Datum: ....

Im Vorfeld oder im Mittelfeld des Königreichs Satz stehen oft Wörter, die König Verb unterstützen. Ohne diese Wörter oder Wortgruppen kann König Verb kaum ausdrücken, was er ausdrücken möchte. Diese Wörter oder Wortgruppen nennt man ....

1. Wichtiges im Vorfeld hervorheben: Satzglieder umstellen

Im .... des Königreichs Satz steht immer nur .... Satzglied. Du kannst das Satzglied, das für die Aussage am wichtigsten ist, **besonders betonen**, indem du es ins Vorfeld umstellst. Im **Vorfeld** steht dann **das inhaltlich wichtigste Satzglied** in Bezug auf die passende inhaltliche Frage. Beispiel:

> Was mag wer? Was soll ich mitbringen?

Antworte mit **bestimmtem Artikel**:

Vorfeld	linke K(l)ammer	Mittelfeld	rechte K(l)ammer	SZ

Ein Objekt kann aus mehreren Wörtern bestehen. Man spricht dann von einer ....

2. Betrachten des Artikelworts

Damit das **bestimmte Artikelwort** (der/die/das/die) des Akkusativobjekts richtig flektiert (gebeugt/angepasst) wird, musst du die richtige Endung des Artikelworts kennen.

Frage: Fällt dir bei den bestimmten Artikelwörtern etwas auf? Kreise die Artikelwörter rot ein. Ergänze dann den Antwortsatz.

Antwort: Beim Akkusativobjekt verändert sich das .... Artikelwort „der" in .... Das feminine und neutrale Artikelwort sowie das im Plural verändert sich ....

> **Merksatz zum Akkusativobjekt:**
> Auf „*Was*" oder „*We*........?" folgt im Maskulin das de......... . Alle andren bleiben bestehn.

Aufgabe: Lerne den Merkspruch auswendig. Fragt euch gegenseitig ab.

AB6-2: Das Akkusativobjekt

Name: .... Datum: ....

3. Wichtige Fakten mithilfe der Wen-oder-was-Frage bestimmen

Manchmal wird eine Antwort auf die Wen-oder-was-Frage gewünscht. Stelle eine Wen-oder-was-Frage in Zusammenhang mit dem Verb *bedrohen* und setze die Antwort (das Akkusativobjekt) ins Vorfeld der Tabelle: Frage: **Wen** (oder was) **bedroht** der schlimme Ede? Antworte mit **unbestimmtem Artikelwort** (ein/eine/ein) und vergiss die Satzzeichen nicht.

> Wen oder was bedroht der schlimme Ede?

	.... hungrigen				
	.... hungrige				
	.... hungriges				
	....				
Vorfeld		linke K(l)ammer	Mittelfeld	rechte K(l)ammer	SZ

Frage: Kreise die unbestimmten Artikelwörter rot ein. Was fällt dir hierbei auf?

Antwort: Das unbestimmte Artikelwort wird im Plural ....
Man spricht hier vom ....

Aufgabe: Kennst du noch mehr Verben, die einen Akkusativ fordern? Schreibe sie auf:

....

....

4. Übung zum Akkusativobjekt: Märchen

Aufgabe: Stelle die folgenden Sätze so um, dass das Akkusativobjekt im Vorfeld steht. Trage den Satz dann in die Tabelle des Königreichs (KR1-AB) ein. Umkreise das Akkusativobjekt und das dazugehörige Artikelwort in (Grün).

> Wen oder was hatte eine Mutter?

Eine Mutter hatte zwei Kinder.
Sie liebte die zwei Schwestern nicht gleichermaßen. Die ältere Tochter bekam den Vorzug. Die Jüngere spann das grobe Garn am Brunnen. Sie ließ die rutschige Spindel in den Brunnen fallen. Anschließend suchte sie die Spindel im Brunnen. Sie fand Frau Holle. Das junge Mädchen schüttelte fleißig das Bettzeug aus. Sie bekam eine Golddusche zum Dank. Die faule Schwester schüttelte keine Betten auf. Sie verärgerte Frau Holle. Die Faule bekam am Ende eine Pechdusche.

Arbeitsblätter zu Sequenz 6

Sequenz 7:
Satzglieder: Das Dativobjekt

Ablaufplan zu Sequenz 7

Thema	Strategien zur Verwendung und Bildung des Dativs erkennen und anwenden
Fachliche Ziele	Begriffe wiederholen/festigen: Dativobjekt, Dativ; Satzglied, Wem-Frage, Umstellprobe, flektiert, Artikelwort, maskulin/feminin/Neutrum Wissen festigen: durch die Umstellprobe Satzglieder im Vorfeld des Feldermodells als solche erkennen mit der Wem-Frage das Satzglied „Dativobjekt" im Vorfeld erkennen Erkennen: Wie verändern sich die Artikelwörter im Dativ?
Material für die Lernbegleitung	Dokumentenkamera abwischbarer Folienstift / feuchtes Tuch Tafelbilder TB3: Königin, Baby, Familie Verb, TB1: König finit, 4 Kuchen, TB3: Ufo TB3: schlimmer Ede (siehe S. 63) Material zu Sequenz 7: zerschnittene Satzstreifen + Sprechblase „Wem?" (siehe S. 67) Star-Wars-Filmmusik Material zu Sequenz 7: zerschnittene-Satzstreifen „Märchen" (siehe S. 67) Das Königreich „Satz" der Familie Verb KR1 (siehe S. 71) Arbeitsblatt AB7-1 (siehe S. 52), Arbeitsblatt AB7-2 (siehe S. 53) Wortkarten WKP7 (siehe S. 47)
Material für die Lerner	abwischbarer Folienstift / feuchtes Tuch Das Königreich „Satz" der Familie Verb KR1 (siehe S. 71) Arbeitsblatt AB7-1 (siehe S. 52), Arbeitsblatt AB7-2 (siehe S. 53) Wortkarten WKP7 (siehe S. 47)
Ankommen Inhalte/Ziele, Vorwissen aktivieren	(pantomimische Darstellung der Verben WKP7) TB3: Königin, Baby, Familie Verb; TB1: König finit; 4 Kuchen, TB3: Ufo Erzähltext vortragen
Basislernen 1 Input/Verarbeitung/ exemplarische Anwendung	exemplarisch Umstellprobe hinsichtlich der Wem-Frage durchführen bestimmte Artikelwörter analysieren
Differenzierungsphase	Dativobjekt ins Vorfeld umstellen: anhand eigener Sätze mithilfe der WKP7 weitere Verben finden, die den Dativ erzwingen
Ergebnissicherung 1	Flexion der Artikelwörter analysieren Flexion des unbestimmten Artikelworts analysieren (AB7-2) Beide haben dieselben Endbuchstaben. gemeinsamer Eintrag auf AB7-1/2
Basislernen 2	erste drei Sätze des Märchens auf AB7-2 vorlesen Erzähltext vortragen exemplarisch Umstellprobe mit durcheinandergeworfenen Wortstreifen „Märchen" und Wem-Frage zur Ermittlung des Dativobjekts durchführen
Differenzierungsphase Tandem/Aufgaben	Übung zum Umstellen anhand des Märchens (AB7-2 auf KR1) schriftliches Umstellen auf KR1
Auswertung/Abschluss Ergebnissicherung/ Feedback	Vergleich im Plenum gemeinsamer Eintrag auf AB7-2 Unterlagen in das Portfolio einordnen Feedback zum Lernzuwachs Weiterschreiben des Märchens auf KR1-AB

Erzähltext zu Sequenz 7

Basislernen 1

[TB1: König finit + TB3: Königin, Baby, Familie Verb + 4 Kuchen nebeneinander auflegen; Star-Wars-Filmmusik abspielen; Ufo über das Königreich einfliegen lassen] König Morx: „Ich bin wieder da und habe euren, bei mir bestellten, Kuchen mitgebracht. Wem gehört der helle Apfelkuchen?" König Verb: „Mir, dem König!" König Morx: „Ah, dir, dem hungrigen König, gehört der helle Apfelkuchen." [Bild von Apfelkuchen zu TB1: König finit legen; alle zerschnittenen Satzstreifen durcheinander auflegen; Sprechblase „Wem?" zu Ufo legen; Frage wiederholen; Lerner sortieren exemplarisch ersten zerschnittenen Satzstreifen: Dem hungrigen König gehört der helle Apfelkuchen.]

„König Verb hat wieder Besuch von König Morx vom Orx, dem Planeten weit hinter der Sonne. Und wieder sind die zerschnittenen Satzstreifen völlig durcheinandergeraten. Aber ihr wisst ja sicher noch, wer welchen Kuchen bei König Morx bestellt hat. Schreibt im Lern-Tandem auf KR1, wem welcher Kuchen gehört." [Austeilen KR1, Lerner arbeiten.] „Wem gehört was? Ordnet die Satzstreifen zu passenden Sätzen ins KR1." [KR1 auflegen; Lerner sortieren Satzstreifen ein.] „Weiß jemand, wie man das Satzglied nennt, das mit der **Wem-Frage** erfragt werden kann?" [**Dativobjekt**; Begriff visualisieren] „Fällt euch beim **bestimmten Artikelwort** (der/die/das) des Dativobjekts etwas auf?" [Wortbeiträge der Lerner; das Artikelwort des Dativobjekts wird im **Maskulinum, Femininum, Neutrum und Plural verändert.**]
„Dies nennt man im Königreich **flektieren**: **dem** hungrigen König, **dem** hungrigen Baby, **der** hungrigen Königin, **den** hungrigen Verben." [bestimmte Artikelwörter farbig markieren; Auftritt schlimmer Ede]
König Verb: „Schlimmer Ede, was machst du hier?"
Schlimmer Ede: „Ich will euch den Kuchen rauben." König Morx: „Wem will er den Kuchen rauben?" König Verb: „Ich fürchte, **uns**!" König Morx: „Das geht gar nicht!"
„Schlimmer Ede ist immer unterwegs, um kleine oder große Verbrechen zu begehen. Schreibt mithilfe der WKP7, wem schlimmer Ede schon etwas angetan hat. Schreibt auch, was er getan hat." [eine WKP7 exemplarisch ziehen; gemeinsames Bilden eines Satzes mit Dativobjekt und **unbestimmtem Artikel** im Vorfeld; notieren auf KR1; WKP7 austeilen; Lerner schreiben auf KR1 Sätze mit Dativobjekt; Austausch im Plenum] „Diese Verben haben alle etwas gemeinsam. Was?" [Sie erzwingen den Dativ.] „Kennt ihr noch mehr Verben, die den Dativ erzwingen? Notiert diese auf einem Blatt Papier." [Flüsterrunde; Austausch im Plenum; gemeinsames Erarbeiten AB7-1/2]

Basislernen 2

[Lernbegleitung liest die ersten drei Sätze des Märchens auf AB7-2 vor; Star-Wars-Filmmusik abspielen; Ufo erscheint.] König Morx: „Hallo! Wieder Tee, Kuchen und Märchen? Super!" [zerschnittene Satzstreifen ungeordnet einwerfen] König Morx: „Oh, nein! Schon wieder ist wegen mir alles durcheinander! Wem gebar noch mal die Königin ein Kind? Wem?" [Sprechblase „Wem?" auflegen; KR1 auflegen; Wortbeiträge der Lerner; Wortstreifen auf KR1 einfügen lassen] „Wer weiß noch, wie das Satzglied, das man mit der Wem-Frage erfragen kann, heißt?" [Dativobjekt] „Dann wollen wir das Märchen so umstellen, dass das Dativobjekt im Vorfeld steht." [KR1 austeilen; schriftliches Umstellen des Märchens (AB7-2) auf KR1; Vergleich im Plenum; gemeinsam auf AB7-2 eintragen; Märchen auf KR1-AB als Ganzes umstellen und mit WKP7 zu Ende schreiben.]

AB7-1: Das Dativobjekt

Name: .... Datum: ....

1. **Manche Verben erzwingen den Dativ**

    Das Dativobjekt kommt im Deutschen häufig vor. Es gibt einige Verben, die einen Dativ <u>zwingend notwendig</u> machen. Dazu gehören: **ähneln, fehlen, folgen, gefallen, gehören, gehorchen, glauben, misslingen, passen, passieren, schaden, schmecken, vertrauen, weh tun**.

    Kennst du noch mehr davon? Schreibe sie auf:

    ....

    Aufgabe: Schreibe mit den Wörtern ein Gedicht, lerne es auswendig und trage es vor.

2. **Fakten durch die Wem-Frage ermitteln**

    Manchmal ist es sehr wichtig, eine Antwort auf die Wem-Frage zu bekommen. Stellt euch abwechselnd im Team Wem-Fragen mit einem passenden finiten Verb und sucht die Antwort im Vorfeld. Frage: **Wem** gehört der leckere Kuchen?

    Wem gehört der leckere Kuchen?

    Verbinde durch Linien:

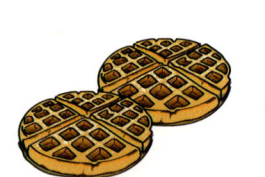

    Antworte mit **bestimmtem Artikel**:

Vorfeld	linke K(l)ammer	Mittelfeld	rechte K(l)ammer	SZ

AB7-2: Das Dativobjekt

Name: .... Datum: ....

3.1 Betrachten des bestimmten Artikelworts

Damit das .... (der – die – das / einer – eine – ein) des Dativobjekts richtig
.... (verändert) wird, musst du die passenden Endungen kennen:

Frage: Was fällt dir bei den **bestimmten Artikelwörtern** in der Tabelle auf S. 52 in Bezug auf deren Bildung auf? Kreise rot ein, was dir auffällt.

Antwort: Das **maskuline** (der) und das **neutrale** (das) **bestimmte Artikelwort** des Dativobjekts im Satz verändert sich zu „........................".

> **Merke:** Auf die Frage „We........?" folgt im Maskulinum und Neutrum „de........".

Das **feminine** Artikelwort „die" verändert sich in das **bestimmte Artikelwort** „........................".

Bei Plural (**die** Verben) verändert sich das **bestimmte Artikelwort** von „die" in „........................".

3.2 Betrachten des unbestimmten Artikelworts

Aufgabe: An wem hat schlimmer Ede welches Verbrechen begangen? Nutze für jeden Satz eine andere WKP7 und antworte mit **unbestimmtem Artikelwort**:

> Wem raubt schlimmer Ede was?

Vorfeld	linke K(l)ammer	Mittelfeld	rechte K(l)ammer	SZ

4. Übung zum Dativobjekt: Märchen

Aufgabe: Stelle den folgenden Text Satz für Satz so um, dass das **Dativobjekt** im Vorfeld steht. Trage Satz für Satz in die Tabelle des Königreichs (KR1-AB) ein. Kreise das Dativobjekt und das Artikelwort (orange) ein.

Eine Königin gebar ihrem Mann ein Kind.

> **Wem** gebar eine Königin ein Kind?

Es gehorchte dem Vater. Jahre später missfiel dies der neuen Stiefmutter sehr.
Sie wollte dem schönen Kind schaden. Jedoch entkam die Schöne diesem Schicksal.
Sie begegnete sieben Zwergen. Dies gefiel der Stiefmutter nicht. Sie folgte ihr in den Wald.

Schreibe das Märchen mit jeweils einem Dativobjekt im Vorfeld (auf KR1-AB) mit WKP7 zu Ende.

Sequenz 8:
Satzglieder: Das Genitivobjekt

Ablaufplan zu Sequenz 8

Thema	Strategien zur Verwendung und Bildung des Genitivs erkennen und anwenden
Fachliche Ziele	Begriffe wiederholen/festigen: Genitivobjekt, Genitiv, Satzglied, Umstellprobe, Wessen-Frage; Artikelwort Wissen festigen: durch die Umstellprobe Satzglieder im Vorfeld des Feldermodells als solche erkennen Erkennen: Wie verändern sich die Artikelwörter im Genitiv? die Wirkung von bestimmten und unbestimmten Artikeln im Genitiv analysieren mit Wessen-Frage das Satzglied „Genitivobjekt" im Vorfeld erkennen
Material für die Lernbegleitung	Dokumentenkamera abwischbarer Folienstift / feuchtes Tuch Bild: Königskammer (→ siehe Zusatzmaterial) Tafelbilder TB1: König finit + TB3: schlimmer Ede + TB3: Ufo (siehe S. 63) Material zu Sequenz 8: Sprechblasen: „Wessen klagt König Morx den schlimmen Ede an?" / „Wessen?" (siehe S. 67) Tabelle bestimmte Artikelwörter (siehe S. 66) Blankowortstreifen (→ Zusatzmaterial) Star-Wars-Filmmusik Material zu Sequenz 8: zerschnittene Satzstreifen „Märchen" (siehe S. 67) Das Königreich „Satz" der Familie Verb KR1 (siehe S. 71) Arbeitsblatt AB8-1 (siehe S. 56), Arbeitsblatt AB8-2 (siehe S. 57)
Material für die Lerner	abwischbarer Folienstift / feuchtes Tuch Blankowortstreifen (→ Zusatzmaterial) Wortkarten WKP8 (siehe S. 47) Das Königreich „Satz" der Familie Verb KR1 (siehe S. 71) Zusatzarbeitsblatt zur Feldertabelle KR1-AB (siehe S. 72) Arbeitsblatt AB8-1 (siehe S. 56), Arbeitsblatt AB8-2 (siehe S. 57)
Ankommen Inhalte/Ziele, Vorwissen aktivieren	Bild Königskammer + TB1: König finit + TB3: schlimmer Ede + TB3: Ufo; Rollenlesen/Figurenspiel
Basislernen 1 Input/Verarbeitung/exemplarische Anwendung	Erzähltext vortragen die im Rollenlesen genannten / selbst erdachten Genitivobjekte nach bestimmtem Artikelwort in Tabelle sortieren
Differenzierungsphase Tandem/Aufgaben	eigene Sätze mit WKP8 in KR1-AB mit Genitivobjekt im Vorfeld schreiben
Ergebnissicherung 1	Artikelwörter im Genitiv analysieren Eintrag auf AB8-1
Basislernen 2	KR1 mit zerschnittenen Satzstreifen Star-Wars-Filmmusik abspielen; Erzähltext vortragen exemplarisch Umstellprobe (Genitivobjekt) mit drei Satzstreifen durchführen
Differenzierungsphase Tandem/Aufgaben	Umstellprobe mit Wessen-Frage zur Ermittlung des Genitivobjekts im Vorfeld anwenden (Märchen auf AB8-1) auf KR1-AB
Auswertung/Abschluss Ergebnissicherung/Feedback	Flexion des Artikelworts analysieren gemeinsamer Eintrag auf AB8-1 Unterlagen in das Portfolio einordnen Feedback zum Lernzuwachs

Erzähltext zu Sequenz 8

Basislernen 1

Gerichtsverhandlung [Auflegen des Bildes linke Klammer + TB1: König finit mit Krone + TB3: schlimmer Ede + Ufo; szenisches Lesen durch Lerner]

König Verb: „Was sehen meine trüben Augen? Schlimmer Ede! Warum bist du schon wieder hier?"

Ede: „Ich bin angeklagt."

König Verb: „**Wessen** bist du angeklagt?"

Ede: „Des gemeinen Kuchendiebstahls."

König Verb: „Du wirst am Ende doch nicht unseren Kuchen gestohlen haben? Bist du des Diebstahls durch König Morx überführt?"

Ede: „Scheint so!"

König Verb: „König Morx, wessen klagt ihr den schlimmen Ede an? Wessen hat er sich bemächtigt?"

König Morx: „Des leckeren Erdbeerschnittchens."

König Morx: „Was? Das war aber gar nicht gut!"

Ede: „Doch! Es war sogar sehr lecker. Außerdem beschuldigt mich König Morx weiterer Verbrechen."

König Morx: „Ja! Da gibt es noch einiges, dessen ich ihn anklage! Ich klage ihn auch des gruseligen Nasenbohrens, der übermäßigen Fresserei und noch anderer schwerwiegender Verbrechen an." [Lerner beenden das szenische Lesen.]

[Wortbeiträge der Lerner; Wiederholung des Inhalts] „**Wessen** klagt König Morx den schlimmen Ede an?" [*der-die-das-die* als Tabelle auflegen; Sprechblase „Wessen klagt … ?" dazulegen; im Lern-Tandem Blankowortstreifen mit Antworten beschriften lassen (auch textunabhängige Wortbeiträge der Lerner sind willkommen); Lerner ordnen Wortstreifen den Artikelwörtern in der Tabelle zu; jeweils Analyse der Flexion der Artikelwörter im Plenum] „Weiß jemand, wie man das Satzglied nennt, das mit der ‚Wessen-Frage' erfragt werden kann?" [**Genitivobjekt**; Begriff visualisieren] „Es gibt Verben, die erzwingen den **Genitiv**. Weiß jemand schon mehr darüber?" [Wortbeiträge der Lerner] „Hast du dir eins der Verben mit Genitiv gemerkt, das im Gespräch zwischen dem schlimmen Ede und den Königen verwendet wurde?" [Wortbeiträge der Lerner; sammeln durch Aufschrieb] „Schauen wir mal, ob König Verb weitere Verben mitgebracht hat, bei denen der Genitiv verwendet werden muss." [WKP8 austeilen; exemplarisches Bilden von zwei Sätzen mit WKP8 im Plenum; im Lern-Tandem auf KR1 einen kurzen Dialog / eine kurze Geschichte mit mindestens sechs WKP8-Verben aus der Wortsammlung bilden lassen; Vortrag im Plenum]

Basislernen 2

[Star-Wars-Filmmusik abspielen; Satzstreifen zerschnitten (durcheinander) auf KR1 auflegen] „Oh, nein! Da war doch sicher wieder König Morx mit seinem Raumschiff hier und hat aus Versehen alles durcheinandergewirbelt. Das kennt ihr ja schon. Könnt ihr die Wortstreifen wieder zu sinnvollen Sätzen zusammensetzen? Ich denke, es handelt sich wieder einmal um ein Märchen." [exemplarisch den ersten Satz im Plenum in KR1 legen lassen; KR1 austeilen; Lerner schreiben im Lern-Tandem die ersten vier Sätze des Märchens (AB8-1) in KR1; Vergleich im Plenum; Eintrag auf AB8-1; Übertragung und Weiterarbeit auf KR1-AB; Vergleich im Plenum]

AB8-1: Das Genitivobjekt

Name: .... Datum: ....

1. Manche Verben erzwingen den Genitiv

Das Genitivobjekt kommt im Deutschen eher selten vor. Doch gibt es einige Verben, die den Genitiv <u>zwingend notwendig</u> machen. Diese Verben solltest du auswendig lernen: **anklagen, sich annehmen, bedürfen, sich bedienen, sich bemächtigen, beschuldigen, entbehren, sich enthalten, sich entledigen, sich erfreuen, sich erinnern, gedenken, sich rühmen, jemanden überführen, verdächtigen.**

Aufgabe: Kennst du noch mehr Verben, die den Genitiv erzwingen? Schreibe mit diesen und auch mit den oben stehenden Verben ganze Sätze auf Wortstreifen und lasse diese kontrollieren. Lerne diese Sätze mithilfe der Lernwörterbox auswendig.

2. Fakten durch die Wessen-Frage ermitteln

Wessen klagt König Morx den schlimmen Ede an?

Aufgabe: Antworte in der Tabelle mit bestimmten Artikelwörtern.

	Vorfeld	linke K(l)ammer	Mittelfeld	rechte K(l)ammer	SZ
			König Morx den schlimmen Ede		
			König Morx den schlimmen Ede		
			König Morx den schlimmen Ede		
			König Morx den schlimmen Ede		

3. Betrachten des Artikelworts

3.1 Frage: Auf welche Art verändern sich die **bestimmten Artikelwörter**? Kreise die bestimmten Artikelwörter und **besondere Endungen** der Genitivobjekte (rot) ein.

Antwort: Das **bestimmte Artikelwort** des Genitivobjekts im Königreich Satz verändert sich im Maskulinum (der) und .... (das) zu .... Außerdem wird dort an das Nomen ein .... angehängt. Im .... (die) und im Plural verändert sich das Artikelwort „die" zu ....

Merke: Auf die Frage „.....................?" folgt im Maskulin und Neutrum .... (sen).

Aufgabe: Lasst euch einen Merkspruch für das Femininum und den Plural einfallen, schreibt diesen auf und stellt ihn im Plenum vor. Entscheidet gemeinsam über den besten Merkvers und schreibt ihn auf.

Merke: ....

AB8-2: Das Genitivobjekt

Name: .... Datum: ....

3.2 Frage: Auf welche Art verändern sich die **unbestimmten Artikelwörter**? Kreise Besonderheiten bei den unbestimmten Artikelwörtern und Genitivobjekten (rot) ein.

Wessen klagt König Morx den schlimmen Ede an?

Aufgabe: Antworte in der Tabelle mit bestimmten Artikelwörtern.

		König Morx den schlimmen Ede		
		König Morx den schlimmen Ede		
		König Morx den schlimmen Ede		
		König Morx den schlimmen Ede		
Vorfeld	linke K(l)ammer	Mittelfeld	rechte K(l)ammer	SZ

3.3 Frage: Worin unterscheidet sich die Wirkung auf dich, wenn das bestimmte oder das unbestimmte Artikelwort verwendet wird? Diskutiert im Plenum.

4. Übung zur Ermittlung des Genitivobjekts mit der Wessen-Frage: Märchen

Stelle die folgenden Sätze so um, dass das **Genitivobjekt** im Vorfeld steht. Trage Satz für Satz in die Tabelle des Königreichs ein. Kreise das Genitivobjekt (gelb) ein. Da der Platz hier nicht reicht, nutze auch KR1-AB.

Hänsel und Gretel bedurften der Hilfe von außen.

Die Frau des Vaters beschuldigte sie der übermäßigen Fresserei. Sie entledigte sich deshalb der Kinder im Wald. Hänsel bemächtigte sich jedoch beim ersten Mal einer Handvoll Kieselsteine. Niemand erbarmte sich der Kinder. Nur eine Hexe nahm sich der beiden an. Sie rühmte sich der guten Ernährung derselben. Hänsel entbehrte jedoch der gewünschten Fülle. Gretel überführte die Hexe des versuchten Mordes. Sie entledigten sich daraufhin der Hexe. Beide bedienten sich anschließend der Schätze der Hexe. Hänsel und Gretel erinnerten sich noch lange der Abenteuer im Wald. Sie wurden dessen niemals angeklagt.

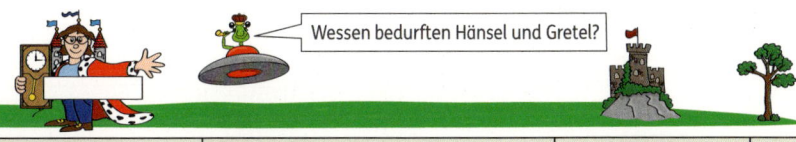

Wessen bedurften Hänsel und Gretel?

Vorfeld	linke K(l)ammer	Mittelfeld	rechte K(l)ammer	SZ
Der Hilfe von außen	bedurften	Hänsel und Gretel		.

Arbeitsblätter zu Sequenz 8

Ablaufplan zu Sequenz 9

Sequenz 9:
Satzglieder: Das Präpositionalobjekt im Akkusativ und Dativ

Ablaufplan zu Sequenz 9

Thema	Strategien zur Verwendung und Bildung des Präpositionalobjekts erkennen und anwenden
Fachliche Ziele	Präpositionalobjekt mit Akkusativ/Dativ, Satzgliedbestimmung Erkennen: Bestimmte Verb-Präposition-Kombinationen erzwingen den Akkusativ/Dativ. Verben auswendig lernen
Material für die Lernbegleitung	Dokumentenkamera abwischbarer Folienstift / feuchtes Tuch Bild: Königskammer (→ Zusatzmaterial) Tafelbild TB1: König finit + TB3: Ufo (siehe S. 63) Material zu Sequenz 9: Sprechblasen: Auf wen oder was wartete Rapunzel schon lange? / Von wem oder was erwartete der Müller nicht viel? (siehe S. 68) Das Königreich „Satz" der Familie Verb KR1 (siehe S. 71) + Kleinfiguren F1A + F1Ufo (siehe S. 64) Material zu Sequenz 9: zerschnittene Satzstreifen „Märchen" (siehe S. 68) Arbeitsblatt AB9-1 (siehe S. 61), Arbeitsblatt AB9-2 (siehe S. 62)
Material für die Lerner	abwischbarer Folienstift / feuchtes Tuch Das Königreich „Satz" der Familie Verb KR1 (siehe S. 71) Zusatzarbeitsblatt zur Feldertabelle KR1-AB (siehe S. 72) Wortkarten WKP9 (siehe S. 60) Arbeitsblatt AB9-1 (siehe S. 61), Arbeitsblatt AB9-2 (siehe S. 62)
Ankommen Inhalte/Ziele, Vorwissen aktivieren	Bild Königskammer + TB1: König finit + TB3: Ufo auflegen
Basislernen 1 Input/Verarbeitung/ exemplarische Anwendung	Erzähltext vortragen – Wortstreifen durcheinander auflegen exemplarisch Umstellprobe mit zerschnittenen Satzstreifen durchführen Begriff Präpositionalobjekt einführen
Differenzierungsphase Tandem/Aufgaben	Sätze mit WKP9 bilden Erkennen: Verben + Präposition erzwingen den Akkusativ.
Ergebnissicherung 1	Vergleich im Plenum Besondere Verb-Präposition-Kombinationen erzwingen den Akkusativ. Eintrag auf AB9-1 Weiterarbeit: Märchentext umstellen (AB9-1)
Basislernen 2	Erzähltext vortragen exemplarisch Umstellprobe mit zerschnittenen Satzstreifen durchführen
Differenzierungsphase Tandem/Aufgaben	Sätze mit WKP9 bilden Erkennen: Verben + Präposition erzwingen den Dativ.
Auswertung/Abschluss Ergebnissicherung/ Feedback	Besondere Verb-Präposition-Kombinationen erzwingen den Dativ. Eintrag auf AB9-2 Weiterarbeit: Märchentext umstellen (AB9-2) Unterlagen in das Portfolio einordnen Feedback zum Lernzuwachs

Erzähltext zu Sequenz 9

Basislernen 1

[Auflegen des Bildes linke Königskammer + TB1: König finit + TB3: Ufo] „König Verb und sein guter Freund König Morx vom Orx haben sich heute wieder auf Tee und Kuchen zur Märchenstunde in der linken Kammer verabredet. Wie immer ist König Morx sehr neugierig und hört natürlich schlecht. Gerade hat König Verb damit begonnen, König Morx ein neues Märchen zu erzählen: ‚Rapunzel wartete schon lange auf ein Wunder.'"

König Morx: „Hä? Wer wartete schon lange auf ein Wunder?" [Lerner: Rapunzel]

König Morx: „Wo bist du in diesem Satz?"

König Verb: „Jetzt lass mich doch erst einmal weitererzählen: Sie bat die Zauberin immer wieder aufs Neue um Beachtung." König Morx: „Wen bat sie um Beachtung?" [Lerner: die Zauberin]

König Morx: „Was ist das: eine Zauberin?"

„Kann jemand von euch erklären, was eine Zauberin ist?" [Wortbeiträge der Lerner]

König Verb: „Doch die Zauberin achtete nicht auf sie ..." König Morx: „Auf wen achtete sie nicht?" [Lerner: auf sie] König Verb: „Mein lieber Freund, König Morx, so macht das Zuhören doch keinen Spaß und es kommt auch niemand mehr mit. Lass mich einmal das Märchen als Ganzes vorlesen und dann darfst du später Fragen stellen." [den gesamten Text von AB9-1 vorlesen; zusammenfassende Wortmeldungen der Lerner] „Jetzt seid erst mal ihr dran." [Austeilen zerschnittener Satzstreifen + KR1; Sprechblase **„Auf wen oder was** wartete Rapunzel schon lange?" auflegen; Lerner legen zerschnittene Satzstreifen in der richtigen Reihenfolge in KR1.] „Ist euch bei den Fragestellungen etwas aufgefallen?" [Wortbeiträge der Lerner; Präposition vor Akkusativ-Frage; Begriff **Präpositionalobjekt** *im Akkusativ* visualisieren; die neun oberen WKP9 zeigen] „Diese Verben haben eine Gemeinsamkeit. Welche? Findet es im Lern-Tandem heraus." [Austeilen der neun oberen WKP9; Austausch im Plenum; sie erzwingen alle den Akkusativ + Präposition; Eintrag auf AB9-1; Weiterarbeit im Lern-Tandem: Märchen auf KR1-AB; Vergleich im Plenum]

Basislernen 2

[Begriff **Präpositionalobjekt** visualisieren; pantomimische Darstellung der unteren neun WKP9] „Was ist das Besondere an diesen Verben?" [die Präposition] „Bildet im Lern-Tandem mindestens drei Sätze mit den WKP9, in denen ein passendes Präpositionalobjekt im Vorfeld steht." [Austeilen der unteren neun WKP9 + KR1; Vergleich im Plenum] „Was haben diese Verben gemeinsam?" [Sie erzwingen das **Präpositionalobjekt** *im Dativ*; auf AB9-2 eintragen; Weiterarbeit: Umstellprobe am Märchen auf KR1 durchführen (AB9-2); Vergleich im Plenum; gemeinsamer Aufschrieb auf KR1-AB]

Weiterführende Möglichkeiten

1. alle Wortkarten (WKP9) zum Schreiben eines Märchens / einer Kurzgeschichte nutzen
2. Lernspiel: Wortkarten mischen und nach Akkusativ oder Dativverwendung sortieren lassen
3. (kreative) Texte mithilfe der WKP9 schreiben lassen

Präpositionalobjekt – Wortkarten

warten auf	streiten über	hoffen auf
bitten um	lachen über	diskutieren über
danken für	reden über	kämpfen um
erfahren von	sprechen mit	kommen zu
fragen nach	sterben an	hören von
hindern an	telefonieren mit	zuschauen bei

AB9-1: Das Präpositionalobjekt im Akkusativ

Name: .... Datum: ....

Das Präpositionalobjekt im Akkusativ kommt im Deutschen nur zusammen mit besonderen Verbverbindungen vor. Diese Verben brauchen immer eine zum Verb gehörige ...., da sie sonst inhaltlich einen anderen Sinn ergeben würden. Bei diesen Verben folgt im Anschluss der **Akkusativ**. Beispiele hierfür sind: **achten auf, aufpassen auf, berichten über, bitten um, danken für, denken an, diskutieren über, erschrecken über, hoffen auf, kämpfen für, klagen über, lachen über, nachdenken über, reden über, schreiben an, sorgen für, streiten über, warten auf.**

Aufgabe: Diese Verb-Präposition-Kombinationen fordern den Akkusativ. Du solltest sie auswendig lernen. Vielleicht kennst du noch weitere? Schreibe ein Merk-Gedicht mit diesen besonderen Verben auf KR1-AB. Lasse es kontrollieren, lerne es auswendig und trage es vor.

1. **Satzglieder bestimmen durch Präposition + Wen-oder-was-Frage**

   Du bekommst das Präpositionalobjekt im Satz heraus, indem du mit der inhaltlich **zum Verb gehörenden Präposition** die ....-Frage stellst.

   Beispielfrage: **Auf wen oder was wartete** Rapunzel? Antworte inhaltlich passend mit **bestimmtem oder unbestimmtem** Artikelwort. Begründe deine Wahl.

   Auf wen oder was? Worauf?

Person	Vorfeld	linke K(l)ammer	Mittelfeld	rechte K(l)ammer	SZ
schöner König					
böse Zauberin					
großes Wunder					
Konsequenzen					

2. **Übung zur Ermittlung des Präpositionalobjekts mit Akkusativ: Märchen**

   Aufgabe: Stellt im Lern-Tandem folgende Sätze Satz für Satz auf KR1-AB um, sodass das **Präpositionalobjekt** im Vorfeld steht. Kreist dann das Präpositionalobjekt (rosa) ein.

   Rapunzel wartete schon lange auf ein Wunder. *Auf wen oder was **wartete** Rapunzel?*

   Sie bat die Zauberin immer wieder aufs Neue um Beachtung. Jedoch diese achtete nicht auf sie. Stimmen berichteten jedoch über Massenkäufe von Haarspülung. Rapunzel und die Zauberin diskutierten über die Marke. Rapunzel dankte der Zauberin immer für alles. Dennoch hoffte sie auf einen Prinzen. Für ihn kämpfte sie. Eines Tages kämpfte ein echter Prinz um sie. Er war gegen das Einsperren in einen Turm. Er kämpfte um sie. Rapunzel erschrak zunächst sehr über das Vorgehen. Sie dachte dennoch bald über eine Heirat nach. Die Zauberin schimpfte sehr über diese Idee. Rapunzel dachte nicht über die Konsequenzen nach. Der Prinz bestand weiterhin auf gemeinsame Treffen. Bald kämpfte er erfolglos mit der Zauberin um seine Liebe. Trotz aller Missstände sorgten Rapunzel und der Prinz für ein freudiges Wiedersehen.

Arbeitsblätter zu Sequenz 9

AB9-2: Das Präpositionalobjekt im Dativ

Name: .... Datum: ....

Das Präpositionalobjekt im Dativ kommt im Deutschen nur zusammen mit besonderen Verbkombinationen vor. Diese Verben werden mit einer bestimmten .... verwendet, da sie ohne diese inhaltlich einen anderen Sinn ergeben würden. Bei diesen Verb-Präposition-Kombinationen muss der **Dativ** folgen. Beispiele hierfür sind: **abhängen von, anfangen mit, aufhören mit, beginnen mit, bestehen aus, einladen zu, erfahren von, erzählen von, fragen nach, gehören zu, gratulieren zu, halten von, helfen bei, hindern an, hören von, kommen zu, leiden an, rechnen mit, riechen nach, sagen zu, schicken zu, schmecken nach, sprechen mit, sterben an, streiten mit, teilnehmen an, telefonieren mit, warnen vor, zuschauen bei.**

Aufgabe: Diese Verb-Präposition-Kombinationen solltest du auswendig lernen. Kennst du noch weitere Kombinationen? Schreibe ein Merk-Gedicht oder einen Rap mit diesen besonderen Verben und lerne es/ihn – nach Kontrolle – auswendig. Trage es/ihn vor.

1. Satzglieder bestimmen durch Präposition + Wem-oder-was-Frage

Du bekommst das Präpositionalobjekt im Satz heraus, indem du mit der zum Verb gehörenden Präposition eine .... -Frage stellst.

Von wem/was? Wovon?

Beispielfrage: Von wem oder was erwartete der Müller nicht viel? Erfinde Antworten (bei Bedarf mit Wörtern aus dem unten stehenden Text). Nutze hierbei bestimmte oder unbestimmte Artikelwörter nach Wahl. Begründe deine Wahl:

König					
Tochter					
Leben					
Leuten					
Numerus/Person	Vorfeld	linke K(l)ammer	Mittelfeld	rechte K(l)ammer	SZ

2. Übung zur Ermittlung des Präpositionalobjekts im Dativ: Märchen

Aufgabe: Stellt im Lern-Tandem folgende Sätze Satz für Satz auf KR1-AB so um, dass das **Präpositionalobjekt** im Vorfeld steht. Kreise dann das finite Verb und das Präpositionalobjekt (lila) ein.

Der Müller erwartete nicht viel vom Leben.

Von wem/was erwartete der Müller nicht viel?

Eines Tages erfuhr er vom Wunsch des Königs. Er ging zu ihm. Der König hielt nicht viel vom Müller und der Stroh-zu-Gold-Theorie. Doch die schöne Müllerstochter nahm trotzdem am Experiment teil. Sie begann hoffnungslos mit dem Spinnen. Ein Männlein half ihr plötzlich bei der Arbeit. Der König lud sie zur Hochzeit. Dieser Sieg war abhängig vom Wissen des Namens des Männleins. Die Müllerstochter schickte Gesandte zu allen Menschen im Land. Diese erzählten der Müllerstochter von dem Namen. Die Müllerstochter sprach es mit Rumpelstilzchen an. Bald sah man beim eigenen Zerreißen des Männchens zu. Es starb an dieser Zerreißprobe.

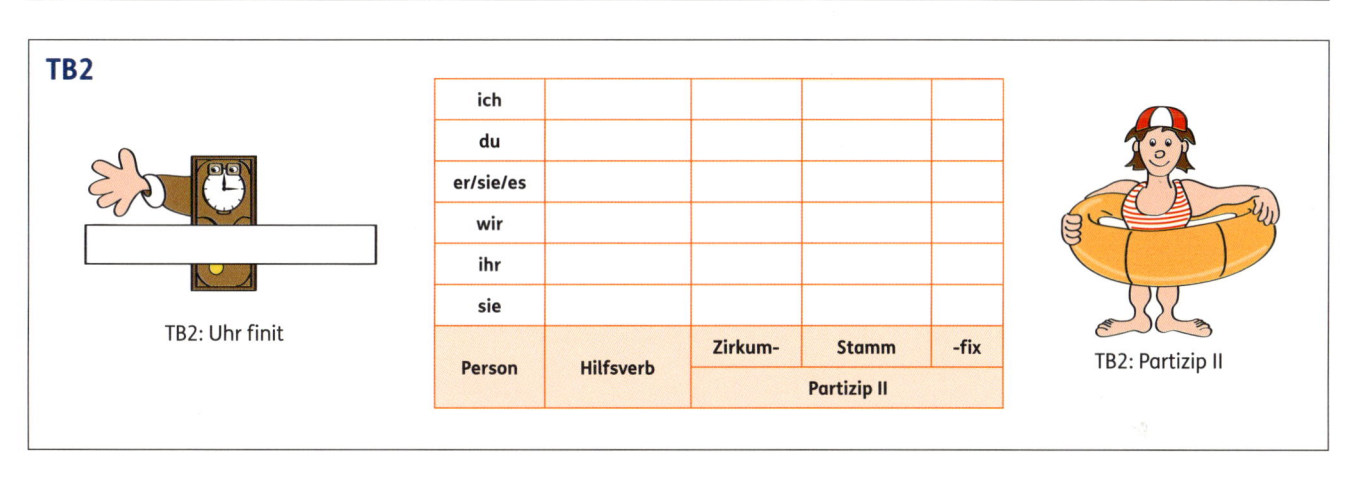

Material zu den Sequenzen – Tafelbilder (TB)

TB1

Person	Stamm	Suffix
ich		
du		
er/sie/es		
wir		
ihr		
sie		

TB1: König Verb infinit
TB1: König Verb finit

TB2

TB2: Uhr finit

Person	Hilfsverb	Zirkum-	Stamm	-fix
ich				
du				
er/sie/es				
wir				
ihr				
sie				
		Partizip II		

TB2: Partizip II

TB3

TB3: Familie Verb
TB3: Baby
TB3: Königin Verb infinit
TB3: schlimmer Ede

TB3: Ufo

TB3: Badewanne

4 Kuchen

Material zu den Sequenzen – Kleinfiguren F1 zur Verwendung im KR1

F1A   F1B   F1C

F1D   F1E   F1Uhr

Weitere Materialien zu den Einstiegen in die Sequenzen

Material zu Sequenz 1

Begriffskarten 1

schwache Verben	starke Verben	gemischte Verben

Begriffskarten 2.1

finit	infinit	Konjugations-tabelle	Infinitiv/Grundform	Suffix/Endung
Stamm	Tempus/Zeit	Person	lachen	Numerus/Anzahl

Begriffskarten 2.2

Zirkumfix	Partizip II	finit	infinit	Hilfsverb
Präsensperfekt	freuen	Grundform	Vollverb	

Begriffskarten 2.3

Präsens	Präteritum	siegen		

64

Weitere Materialien zu den Einstiegen in die Sequenzen

Material zu Sequenz 2

Tätigkeitswort	Zustandswort	Vorgangswort

Material zu Sequenz 3

Präfix	Präverb	nicht trennbares Verb	trennbares Verb

Material zu Sequenz 4

Begriffskarten 4

Entscheidungs-frage	Wunsch	Witz	Aufforderung	Ausruf
Kommt	ein Mann	zum Arzt		.

Material zu Sequenz 5

Ich bringe Kuchen!   **Du** bringst Kuchen?   Wer oder was?

Einkaufszettel

HUNGRIGE KÖNIG		MAG	KUCHEN	.
HUNGRIGE KÖNIGIN		MAG	KUCHEN	.
HUNGRIGE BABY		MAG	KUCHEN	.
HUNGRIGEN VERBEN		MÖGEN	KUCHEN	.

Begriffskarten zum Zerschneiden

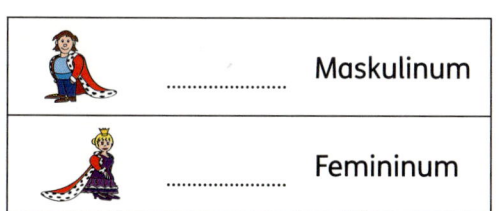

	…………… Maskulinum		…………… Neutrum
	…………… Femininum		…………… Plural

Weitere Materialien zu den Einstiegen in die Sequenzen

Mögliches Plakat

Begriffskarten zum Zerschneiden

Artikelwörter		
………………………	**DER** HUNGRIGE KÖNIG	Maskulinum
………………………	**DIE** HUNGRIGE KÖNIGIN	Femininum
………………………	**DAS** HUNGRIGE BABY	Neutrum
………………………	**DIE** HUNGRIGEN VERBEN	Plural

AM WALDRAND	LEBTEN	DIE ARMEN HOLZFÄLLER	.
EINEM ARMEN PAAR MIT ZWEI KINDERN	GEHÖRTE	DAS KLEINSTE HAUS	.
HÄNSEL	HIEß	DER BRAVE SOHN	.

Material zu Sequenz 6

Was magst du?   **Wen oder was?**

DER HUNGRIGE KÖNIG	MAG	HELLEN APFELKUCHEN	.
DIE HUNGRIGE KÖNIGIN	MAG	FRISCHE ERDBEERSCHNITTE	.
DAS HUNGRIGE BABY	MAG	DUNKLE BANANENTÖRTCHEN	.
DIE HUNGRIGEN VERBEN	MÖGEN	KNACKIGEN KEKSWAFFELN	.

EINE MUTTER	HATTE	ZWEI KINDER		.
SIE	LIEBTE	DIE SCHWESTERN	NICHT GLEICH STARK	.
DIE ÄLTERE TOCHTER	BEKAM	DEN VORZUG		.

Weitere Materialien zu den Einstiegen in die Sequenzen

Material zu Sequenz 7

Wem?

DEM KÖNIG	GEHÖRT	DER HELLE APFELKUCHEN	.
DER HUNGRIGEN KÖNIGIN	GEHÖRT	DAS FRISCHE ERDBEERSCHNITTCHEN	.
DEM HUNGRIGEN BABY	GEHÖRT	DAS DUNKLE BANANENTÖRTCHEN	.
DEN HUNGRIGEN VERBEN	GEHÖREN	DIE KNACKIGEN KEKSWAFFELN	.

EINE KÖNIGIN	GEBAR	IHREM MANN	EIN KIND	.
ES	GEHORCHTE	DEM VATER		.
JAHRE SPÄTER	MISSFIEL	DIES	DER NEUEN STIEFMUTTER	.

Material zu Sequenz 8

Wessen?

Wessen klagt König Morx den schlimmen Ede an?

HÄNSEL UND GRETEL	BEDURFTEN	DER HILFE	VON AUßEN	.
DIE FRAU DES VATERS	BESCHULDIGTE	SIE	DER ÜBERMÄßIGEN FRESSEREI	.
SIE	ENTLEDIGTE SICH	IHRER		.

Weitere Materialien zu den Einstiegen in die Sequenzen

Material zu Sequenz 9

> **Auf wen oder was** wartete Rapunzel schon lange?

> **Von wem oder was** erwartete der Müller nicht viel?

RAPUNZEL	WARTETE	SCHON LANGE	AUF EIN WUNDER		.
SIE	BAT	DIE ZAUBERIN	IMMER WIEDER AUFS NEUE	UM BEACHTUNG	.
JEDOCH	DIESE	ACHTETE	NICHT	AUF SIE	.

DER MÜLLER	ERWARTETE		NICHT VIEL	VOM LEBEN	.
EINES TAGES	ERFUHR	ER	VOM WUNSCH	DES KÖNIGS	.
ER	GING		ZU IHM		.

Arbeitsunterlage AU1-1

Arbeitsunterlage AU1-2

KR1: Das Königreich „Satz" der Familie Verb

Vorfeld	linke K(l)ammer	Mittelfeld	rechte K(l)ammer	Satzzeichen

KR1-AB: Zusatzarbeitsblatt zur Feldertabelle

Name: .... Datum: ....

Vorfeld	linke K(l)ammer	Mittelfeld	rechte K(l)ammer	SZ